23 PENSEUSES
POUR 2023

23 PENSEUSES POUR 2023

Les meilleurs textes écrits par des femmes philosophes, essayistes, écrivaines, parus dans la presse internationale

Textes sélectionnés par Martin Legros,
Octave Larmagnac-Matheron
et Julie Davidoux

PHILOSOPHIE MAGAZINE ÉDITEUR

Éditrice : Julie Davidoux
Conception graphique – PAO : Nord Compo
Couverture : Quintin Leeds

10, rue Ballu – 75009 Paris
www.philomag.com
contact@philomag.com
ISBN : 978-2-900818-24-4
Diffusion : *Geodif*

Sommaire

Préface
Les femmes pensent-elles (vraiment) autrement ?

« Loin d'être aux lois d'un homme en esclave asservie ; mariez-vous, ma sœur, à la philosophie », recommandait Armande à sa sœur Henriette en ouverture des *Femmes savantes* de Molière. C'était une époque où l'existence même de femmes qui seraient capables d'épouser la raison plutôt que de « goûter de l'hymen les terrestres appas » et de « se claquemurer aux choses du ménage » apparaissait à l'opinion commune comme une bizarrerie étonnante, contraire à « l'ordre tout-puissant du Ciel ». Trois siècles plus tard, alors même que la révolution féministe a conféré aux femmes une égalité juridique, politique et intellectuelle pleine et entière, certains continuent encore de se demander si les hommes et les femmes… pensent de la même façon. Ou, selon la formule de l'essayiste américain John Gray, si les unes, plus soucieuses des choses sensibles et concrètes, ne viennent pas de Vénus, quand les autres, plus rationnels et martiaux, viendraient de Mars. Ce n'est pas dans cet esprit – faut-il le préciser ? – que le volume que vous tenez entre les mains a été conçu. Et pourtant, ce quatrième opus d'une série initiée en 2020 qui rassemble chaque année les grands essais parus dans la presse internationale ne contient, cette fois, que des interventions de femmes. Pourquoi avoir décidé qu'en cette année 2023, les vingt-trois penseurs les plus saisissants de notre temps seraient tous des penseu*ses* ? Cela mérite bien, en guise d'ouverture, une petite explication.

En 2020, le premier volume de notre collection, placé sous l'égide de la pensée de l'événement d'Hannah Arendt, rassemblait déjà un grand nombre de voix féminines. Trois ans plus tard, pour la quatrième édition, nous avons opté pour un parti pris plus radical, consistant à ne retenir que des femmes philosophes, historiennes, sociologues, écrivaines parmi notre panel d'intellectuels susceptibles d'identifier les grands événements de notre temps et de forger des idées neuves qui permettent de les comprendre.

Trois raisons soutiennent ce choix éditorial. Une raison politique, d'abord. Cinq ans après #MeToo, alors que la question de la place de la parole des femmes dans l'espace public est toujours aussi décisive, il faut parfois « forcer » les choses pour surmonter les blocages d'une culture patriarcale qui invisibilise souvent les femmes dans l'arène du débat public et intellectuel. Si la manière dont on raconte l'histoire de la pensée et dont on organise la conversation démocratique bouge, le différentiel reste toujours aussi manifeste que problématique. Rien de plus difficile que de chambouler des usages – autant sinon davantage dans l'ordre de l'esprit que dans celui du corps social. Aussi peut-il être pertinent, de temps à autre, de prendre le contre-pied de cette situation, en ouvrant des espaces de discussion où seules les femmes prennent la parole. À ceux qui pousseraient des cris d'orfraie devant une telle démarche, dénonçant la généralisation des espaces de « non-mixité » et autres *safe spaces* prémunis de toute conflictualité, nous répondons que ce volume, composé uniquement d'intervenantes, s'adresse néanmoins à chacun, sans restriction de genre ou de positionnement idéologique.

Loin d'être univoque, ce volume donne à entendre des engagements pluriels, et même conflictuels, sur la question du genre comme de l'écologie ou de la guerre. Des femmes intellectuelles, venues de tous les continents, de toutes les disciplines et de tous les bords, soulèvent des interrogations qui nous concernent tous, que l'on soit homme ou femme. Comme lorsque les hommes le font dans des cénacles majoritairement masculins… sans se poser, eux, la question. Bref, nous pensons que le simple fait d'introduire sur la scène intellectuelle des pas de côté de ce type peut contribuer à faire bouger les lignes. Comme l'écrit l'essayiste féministe Rebecca Solnit, dont une intervention est reprise dans ce volume : « Avoir une voix, ce n'est pas simplement avoir la capacité animale d'émettre des sons, mais pouvoir participer pleinement aux conversations qui façonnent notre société, nos relations aux autres ainsi qu'à notre propre vie. Pour avoir une voix, il faut trois choses : être audible, être crédible, être importante[1]. » En donnant à entendre vingt-trois voix de femmes, en les considérant comme les voix les plus précieuses de notre temps, ce volume contribue à rendre la pensée des femmes plus *audible*, plus *crédible*, plus *importante*.

Il existe ensuite une deuxième raison, moins attendue mais non négligeable, qui nous a conduits à ne retenir que des femmes : la curiosité. Cette sélection ample de voix féminines invite à découvrir des autrices et des démarches souvent moins connues, auxquelles nous n'aurions pas pu faire autant de place si nous ne nous étions pas imposé cette exigence, ou si nous avions cherché à respecter une plus grande parité.

La troisième et dernière raison est plus spéculative et plus risquée. Elle tient à un pari intellectuel, celui de « prendre au mot » un certain courant du féminisme contemporain qui défend l'idée qu'il y aurait une manière de voir et de penser le monde qui distingue les femmes des hommes. Ou, pour être plus précis, que les femmes auraient été amenées, par leur position marginale dans l'histoire et la société, à remettre en question les notions d'*objectivité* et de *neutralité* qui définissent notre vision du savoir, selon une épistémologie largement dominée par les hommes. Et à défendre l'idée perspectiviste d'une science du « point de vue ». Introduite

1. Rebecca Solnit, *Souvenirs de mon inexistence*, Paris, Éditions de l'Olivier, 2022.

dans les années 1980 par le courant du féminisme marxiste, cette hypothèse est creusée aujourd'hui par la philosophe Donna Haraway. À l'idéal d'un point de vue de survol qui permettrait d'atteindre un savoir objectif et universel en s'affranchissant de toute situation particulière, Haraway oppose une « objectivité féministe » qui assume de parler d'une place « située », « circonscrite », « *encorporée* »[1]. Nous ne voyons pas le monde du point de vue d'un spectateur détaché de la situation qui est la sienne et qui, tel Dieu, pourrait totaliser en lui la totalité des points de vue. Chacune de nos visions incarne « une manière merveilleusement détaillée, active, partielle, d'organiser les mondes ». Parce qu'elle est singulière, nous pouvons répondre de cette vision et nous efforcer de la rendre partageable par d'autres.

Pour secouer l'idéal trompeur de l'objectivité « masculine », Haraway invite à donner davantage la parole à celles et ceux qui parlent d'en bas, des marges, plutôt qu'à ceux qui parlent d'en haut et de nulle part. Mais ce parti pris ne vaut pas quittance de dire tout et n'importe quoi. Il engage et demande un effort. « Les points de vue "assujettis" ne sont pas dispensés de réexamen critique, de décodage, de déconstruction et d'interprétation… Ils sont privilégiés parce qu'ils semblent promettre des récits du monde plus adéquats, plus soutenus, plus objectifs, plus transformateurs. Mais apprendre à voir d'en bas requiert au moins autant de savoir-faire avec les corps et le langage, avec les médiations de la vision, que les visualisations technoscientifiques "les plus élevées". »

Loin de basculer dans un relativisme qui renoncerait à l'idée d'un monde commun, ce perspectivisme est le levier d'un accès renouvelé au réel, au savoir et à la raison. Le relativiste dit : « À chacun ou à chacune son point de vue »,

1. « Savoirs situés : la question de la science dans le féminisme et le privilège de la perspective partielle », *in* Donna Haraway, *Manifeste Cyborg et autres essais*, Paris, Exils, 2007.

ce qui est une façon paresseuse d'assumer sa partialité, « une façon d'être nulle part tout en prétendant être partout de la même manière ». À l'inverse, le perspectiviste affirme : « À chacun de rendre partageable son point de vue situé et unique. »

Prétendre parler du point de vue de l'identité féminine, marginale et assujettie ne suffit cependant pas à toucher le vrai. « L'identité, y compris l'identité à soi-même, ne produit pas de science », affirme avec force Haraway. Aussi appelle-t-elle les femmes à assumer l'inquiétude, le doute, l'incertitude dans laquelle elles se trouvent quant à la place située d'où elles parlent… là où les « garçons des sciences humaines », selon une formule ironique, ont toujours cherché à évacuer ce doute. « Les garçons des sciences humaines ont appelé ce doute concernant la présence à soi-même la "mort du sujet", ce point d'ordonnancement unique de volonté et de conscience. Ce jugement me semble étrange. » Et de conclure en nom propre : « Je préfère appeler ce doute générateur la percée des sujets, agents, et territoires non isomorphes d'histoires restées inimaginables pour l'œil cyclopéen et autosatisfait du sujet maître. » Pour atteindre une nouvelle objectivité à partir de ces perspectives toujours partielles, il faut donc partir de ce moi « divisé et contradictoire » qui est le seul qui puisse « composer et faire correspondre les conversations rationnelles et les rêves fantastiques ».

Ce pari philosophique d'un « perspectivisme féministe », séduisant d'un point de vue théorique, peut-il déboucher sur un nouveau type de « conversation rationnelle », comme le prétend Haraway ? C'est l'enjeu implicite de la sélection d'articles que vous tenez entre les mains : tester l'hypothèse. Des éclairages passionnants vous sont proposés sur la crise climatique et écologique, sur la guerre en Ukraine ou la remise en question du droit à l'avortement, sur la révolution numérique ou sur le mouvement #MeToo en Chine, comme sur le nouveau rapport au travail des jeunes générations tentées par la grande « démission ». Vous y découvrirez des intellectuelles de renom comme les penseuses qui montent, de la grande reporter Anne Applebaum aux anthropologues Anna L. Tsing et Nastassja Martin aussi bien que des dissidentes, comme Fang Fang. Vous y entendrez, dans leur pluralité et leur diversité, les grandes voix de la pensée féministe mondiale contemporaine, de Manon Garcia à Wendy Brown, d'Ashwini Vasanthakumar à Kate Manne.

Mais, vous ne pourrez manquer de vous demander également s'il n'y a pas, en dépit de la pluralité des voix ici réunies, quelque chose comme une tonalité commune. Trois exemples. Lorsqu'elle s'interroge sur la montée de l'extrême droite en France, la sociologue Véronique Nahoum-Grappe propose une expérience de pensée très concrète : celle de la rencontre entre un homme de couleur et un homme blanc dans la rue le lendemain de l'élection présidentielle de Marine Le Pen. Lorsqu'elle interroge la remise en cause du droit à l'avortement aux États-Unis, Marylin Maeso commence par livrer son témoignage sur le viol qu'elle a subi, adolescente, et imagine ce qui se serait passé si elle était tombée enceinte sans avoir accès à l'avortement. Enfin, lorsqu'elle se demande s'il y a une bonne manière de mettre fin à une histoire d'amour, la philosophe Agnes Callard n'hésite pas à commencer par raconter la liaison orageuse qu'elle a entretenue avec un homme marié.

Loin d'être collées à leur situation concrète, les femmes qui prennent la parole dans ce volume assument le « point de vue », souvent marginal, toujours singulier, depuis lequel elles font l'expérience de la vie sociale, du monde, de l'histoire, aussi bien que de la pensée. Elles s'efforcent de transformer cette perspective partielle, située et unique, en vision objective et partageable. Et cela change tout.

Martin Legros, Octave Larmagnac-Matheron
et Julie Davidoux

La nostalgie toxique : nouvel affect politique mondial

Naomi Klein

Donald Trump, Vladimir Poutine, Jair Bolsonaro, etc., les dirigeants réactionnaires de toute la planète sont dopés aux combustibles fossiles, analyse l'essayiste américaine Naomi Klein. Leur retour sur le devant de la scène n'est pas un hasard : la vision extractiviste qu'ils partagent relève d'une nostalgie d'un autre temps. Alors que les ressources s'épuisent et que la Terre brûle, le monde qu'ils défendent ne peut se maintenir qu'à coups de guerres et de crises.

La nostalgie de l'empire semble être ce qui motive Vladimir Poutine – cela et le désir de surmonter la honte de l'éprouvante thérapie de choc économique imposée à la Russie à la fin de la guerre froide. La nostalgie de la « grandeur » américaine est en partie ce qui motive le mouvement que Donald Trump mène encore – cela et le désir de surmonter la honte de se voir confronté à la malfaisance de la suprématie blanche qui façonna la fondation des États-Unis, et n'a pas terminé de les meurtrir. C'est aussi la nostalgie qui animait les camionneurs canadiens qui occupèrent Ottawa pendant presque un mois, brandissant leurs drapeaux rouge et blanc comme une armée en campagne, évoquant une époque plus simple où leur conscience n'était pas troublée par l'image de ces corps d'enfants indigènes dont on retrouve encore les dépouilles sur les sites de ces institutions génocidaires qui osèrent autrefois s'appeler des « écoles ».

Il ne s'agit pas là de la nostalgie chaleureuse et réconfortante de vagues souvenirs de plaisirs d'enfance, mais d'une nostalgie folle furieuse, destructrice, qui se raccroche au souvenir falsifié d'une gloire passée, en dépit de toute preuve apportant de la nuance.

Tous ces mouvements et personnages carburant à la nostalgie partagent une envie de quelque chose d'autre – pouvant sembler sans rapport, mais en apparence seulement… La nostalgie d'un temps où les énergies fossiles pouvaient être extraites de la terre sans ces inconfortables pensées d'extinctions massives, sans enfants manifestant pour défendre leur droit à un futur, ou sans rapports du Groupe d'experts intergouvernemental sur l'évolution du climat, comme celui publié hier, ce 28 février 2022, décrivant, pour reprendre les mots du secrétaire général de l'Organisation des Nations unies António Guterres, un « recueil de la souffrance humaine et une accusation accablante envers l'échec des dirigeants dans la lutte contre les changements climatiques ». Poutine, bien sûr, dirige un État pétrolier qui a crânement refusé de diversifier son économie dépendante du pétrole et du gaz, malgré l'effet dévastateur des fluctuations en dents de scie du prix des matières premières sur sa population, et en dépit de la réalité du changement climatique. Quant à Trump, il est obsédé par l'argent facile promis par les énergies fossiles et avait fait du climato-scepticisme une marque de fabrique de sa politique.

Les camionneurs canadiens, pour leur part, choisirent comme symboles de leur mouvement des poids lourds roulant au ralenti et des jerrycans de contrebande, mais avaient également à leur tête des personnes étroitement liées au pétrole plus que sale des sables bitumineux de l'Alberta. Avant le « convoi de la liberté », une sorte de répétition générale connue sous le nom de « *United We Roll* » avait été organisée par un grand nombre de ces mêmes meneurs :

créé en 2019, ce convoi alliant la défense zélée des oléoducs, l'opposition à la tarification du carbone, une xénophobie anti-immigrés et la nostalgie assumée d'un Canada blanc et chrétien.

Bien que ces acteurs et forces soient financés par les pétrodollars, il est crucial de comprendre que le pétrole fait office de substitut à une vision du monde plus large, une cosmologie profondément liée à la destinée manifeste[1] et à la doctrine de la découverte[2], qui classaient vies humaines et non humaines dans une hiérarchie rigide, dont l'homme blanc chrétien constituait le sommet. Le pétrole, dans ce contexte, symbolise la mentalité extractiviste : il n'y a pas que continuer à extraire des énergies fossiles qui soit perçu comme un droit divin, mais aussi celui de continuer à prendre tout ce qu'ils veulent, d'abandonner leur poison derrière eux, sans jamais se retourner.

Voilà pourquoi l'avancée rapide de la crise climatique ne représente pas seulement une menace économique pour les personnes investies dans les secteurs d'extraction mais également une menace cosmologique pour qui a investi cette vision du monde. Parce que le changement climatique, c'est la Terre qui nous dit que rien n'est gratuit ; que l'ère de la « domination » humaine (blanche et masculine) est terminée ; que les relations unilatérales, où l'on pourrait se contenter de prendre, n'existent pas ; que pour toute action, il y a des réactions. Ces siècles de forages et de jaillissements libèrent aujourd'hui des forces qui font paraître vulnérables et fragiles même les structures les plus robustes créées par

1. NDT : En anglais, *manifest destiny* : terme apparu en 1845, désignant la mission divine d'expansion de la « civilisation » sur le reste du continent par la nation américaine, prenant pour argument biblique un passage de la Genèse : « Quant à vous, soyez féconds et multipliez-vous, répandez-vous sur la Terre. »
2. NDT : Série de décrets datant du XVe siècle, fondés notamment sur le concept de *terra nullius*, selon lequel tout monarque chrétien qui découvrant des terres non chrétiennes a le droit de les proclamer siennes, utilisés par les puissances européennes pour justifier le comportement colonisateur.

les sociétés industrielles : les villes côtières, les autoroutes, les oléoducs. Et cela, une mentalité extractiviste ne peut l'accepter.

Étant donné leur cosmologie commune, il ne faut pas s'étonner que Poutine, Trump et le « convoi de la liberté » aillent dans la même direction, au-delà de leurs spécificités géographiques et contextes extrêmement différents. Dès lors Trump salue au Canada ce « mouvement pacifique de camionneurs, travailleurs et familles patriotes qui manifestent pour leurs libertés et droits les plus fondamentaux » ; Tucker Carlson et Steve Bannon acclament Poutine tandis que les routiers arborent fièrement leurs casquettes MAGA (*Make America Great Again*) ; Randy Hillier, député de l'assemblée législative de l'Ontario, et l'un des soutiens les plus tapageurs du convoi, déclare sur Twitter que : « Bien plus de gens sont et seront tués par cette injection [de vaccin anti-Covid], que dans la guerre Russie-Ukraine. » Et que dire de ce restaurant en Ontario qui utilisait la semaine dernière son ardoise des plats du jour pour dire que Poutine « n'occup[ait] pas l'Ukraine » mais s'opposait à la grande réinitialisation, aux satanistes, et « lutt[ait] contre l'asservissement de l'humanité » ?

De prime abord, ces alliances semblent profondément étranges et improbables. Mais en y regardant de plus près, il devient clair qu'elles partagent une même vision du temps qui se cramponne à une version idéalisée du passé et refuse obstinément de se confronter aux vérités difficiles concernant l'avenir. Elles ont également en commun de se délecter de l'exercice du pouvoir à l'état brut : les poids lourds face aux piétons, la vocifération de vérités fabriquées face aux rapports scientifiques prudents, l'arsenal nucléaire face à la mitraillette. Voici l'énergie qui déferle actuellement dans un grand nombre de sphères différentes, déclenchant des guerres, attaquant les sièges de gouvernement, et déstabilisant avec défi les systèmes de survie de notre planète. Voici la philosophie qui se trouve à la racine de tant de crises démocratiques, géopolitiques, et de la crise climatique : un attachement violent à un passé toxique et le refus de faire face à un avenir plus enchevêtré et interrelationnel, circonscrit par les limites de ce que peuvent supporter les gens et la planète. C'est un parfait exemple de ce que la regrettée bell hooks[1] décrivait souvent, avec un clin d'œil malicieux, comme « le patriarcat capitaliste impérialiste et suprémaciste blanc », parce qu'on a parfois besoin de sortir l'artillerie lourde pour décrire notre monde avec justesse.

La tâche politique la plus urgente dans l'immédiat est d'exercer une pression suffisante sur Poutine pour qu'il considère son invasion criminelle de l'Ukraine comme une opération trop risquée pour être poursuivie. Mais il ne s'agit là que de l'embryon d'un commencement. « Il existe une fenêtre brève et qui se referme rapidement pour assurer un avenir vivable sur la planète », a déclaré Hans-Otto Pörtner, coprésident du groupe de travail du GIEC à l'origine du rapport historique publié cette semaine. S'il existe à notre époque une tâche politique synonyme d'union, c'est bien celle qui consiste à trouver une réponse globale à cette conflagration de nostalgie toxique. Et dans le monde actuel, né de génocides et de spoliations, cela requiert de concevoir un avenir différent de tout ce que nous avons pu connaître auparavant.

Les gouvernants de nos différents pays, à de très rares exceptions près, sont bien loin de relever ce défi. Poutine et Trump sont des personnalités nostalgiques, tournées vers le passé, et ils sont bien entourés à l'extrême droite. Jair Bolsonaro se fit élire en jouant sur la nostalgie de l'époque de la junte militaire au Brésil, et les Philippines, de manière alarmante, sont sur le point de choisir comme prochain président Ferdinand Marcos Jr., fils du défunt dictateur qui

1. NDT : Les initiales minuscules respectent la pratique de l'autrice pour son nom de plume, façon pour elle de montrer que la substance de ses travaux est plus importante que ce qu'elle est.

pilla et terrorisa sa nation pendant une bonne partie des années 1970 et 1980. Mais cette crise ne touche pas que la droite. De nombreux porte-étendards des forces progressistes ne sont pas moins profondément nostalgiques, ne proposant comme antidote à la montée du fascisme qu'un néolibéralisme réchauffé, ouvertement aligné sur les intérêts prédateurs des entreprises – des *Big Pharma*[1] aux grandes banques – qui ont détruit les conditions de vie. Joe Biden a été élu sur la promesse réconfortante d'un retour à la normalité pré-Trump, sans tenir compte du fait qu'il s'agissait du terreau de croissance du trumpisme. Justin Trudeau est la version plus jeune du même élan : porté sur l'économie de l'attention, il est l'écho superficiel de son père, feu le Premier ministre canadien Pierre Elliott Trudeau. En 2015, la première déclaration de Trudeau Jr. sur la scène internationale était « le Canada est de retour » ; celle de Biden, cinq ans plus tard, était « l'Amérique est de retour, prête à diriger le monde ».

Nous ne vaincrons pas les forces de la nostalgie toxique avec ces faibles doses de nostalgie marginalement moins toxique. Il ne suffit pas d'être « de retour » ; nous avons désespérément besoin de nouveauté. La bonne nouvelle est que nous savons à quoi ressemble la lutte contre les forces permettant l'agression impérialiste, le pseudo-populisme de droite et la dégradation climatique tout à la fois. Cela ressemble beaucoup à un *Green New Deal*[2], un cadre pour sortir des carburants fossiles en investissant dans des emplois syndiqués, permettant de faire vivre des familles, et consacrés à des tâches utiles comme construire des logements écologiques abordables et de bonnes écoles, en commençant par les communautés les plus systématiquement abandonnées

1. Grands groupes dominant l'industrie pharmaceutique.
2. NDT : « Pacte » rassemblant des initiatives d'investissement à l'échelle planétaire afin de faire face aux enjeux environnementaux et climatiques. Le nom fait référence au *New Deal* (« nouvelle donne ») du président états-unien Roosevelt pour sortir de la crise financière de 1929.

et victimes de la pollution. Et cela demande d'abandonner le fantasme de la croissance infinie et d'investir dans l'économie du soin et de la réparation.

Le *Green New Deal* ou le *Red, Black and Green New Deal*[1] sont nos meilleurs espoirs de construire une coalition multiraciale solide de la classe ouvrière, fondée sur la recherche d'un terrain commun au-delà des clivages. Il se trouve que c'est également le meilleur moyen de couper l'afflux de pétrodollars vers des gens comme Poutine, car les économies vertes n'auront pas besoin d'importer du pétrole et du gaz une fois qu'elles auront vaincu leur addiction à la croissance sans fin. C'est aussi de cette façon qu'on étouffe le pseudo-populisme de Trump/Carlson/Bannon, dont les soutiens se multiplient car ces derniers sont bien plus doués pour exploiter la rage dirigée contre l'élite de Davos que les démocrates, dont les dirigeants sont justement, pour la plupart, des représentants.

L'invasion menée par la Russie souligne l'urgence de ce genre de transformation verte, mais elle soulève également de nouveaux défis. Avant même que les tanks russes ne se mettent en route, nous entendions déjà dire que la meilleure façon de stopper l'agression commise par Poutine était d'augmenter la production d'énergies fossiles en Amérique du Nord. Quelques heures après le début de l'invasion, les politiciens de droite et les experts de mèche avec les industriels ramenaient déjà sur la table avec frénésie tous les projets ravageurs pour la planète que les mouvements pour la justice climatique avaient réussi à bloquer depuis dix ans : tous les projets d'oléoducs annulés, tous les terminaux d'export gazier interdits, tous les sites protégés contre la fracturation hydraulique, tous les rêves de forage de l'Arctique.

1. NDT : Le mouvement Black Lives Matter a lancé sa propre initiative en début d'année 2022, le *Red, Black and Green New Deal* (lien officiel : https://redblackgreennewdeal.org/), dont le but est d'« éduquer, dynamiser et émanciper les populations noires afin qu'elles agissent pour endiguer l'impact de la crise climatique sur nos familles et nos communautés ».

Puisque la machine de guerre de Poutine est financée par les pétrodollars, on nous explique que la solution est de forer, fracturer et transporter encore plus nous-mêmes.

Tout cela n'est qu'une désastreuse mascarade capitaliste, comme celles auxquelles j'ai déjà consacré bien trop d'écrits par le passé. Tout d'abord, la Chine continuera à acheter le pétrole russe quoi qu'il arrive dans les schistes de Marcellus ou les sables bitumineux de l'Alberta. Ensuite, le calendrier est fantaisiste. Il n'existe pas de scénario à court terme en matière d'énergies fossiles. Chacun des projets qu'on nous vend comme une solution remédiant à la dépendance aux énergies fossiles russes mettrait des années avant d'avoir un impact, et, pour que leurs coûts irrécupérables soient compensés financièrement, il faudrait que ces projets restent en activité pendant des décennies, au mépris des avertissements de plus en plus désespérés que nous recevons de la communauté scientifique.

Mais, bien sûr, la pression en faveur de nouveaux projets d'énergies fossiles en Amérique du Nord n'a pas pour réel objet d'aider les Ukrainiens ou d'affaiblir Poutine. La vraie raison pour laquelle tous ces vieux rêves d'oléoducs sont dépoussiérés est plus grossière : cette guerre les a rendus bien plus rentables, du jour au lendemain. La semaine de l'invasion de l'Ukraine par la Russie, la référence européenne du pétrole brut, le Brent, a atteint 105 dollars le baril, un prix jamais vu depuis 2014, et qui tourne toujours au-dessus des 100 dollars (c'est-à-dire le double de sa valeur à la fin 2020).

Les banques et les compagnies d'énergie cherchent désespérément à tirer un maximum de profit de cette flambée des prix au Texas, en Pennsylvanie et en Alberta.

De la même façon que Poutine est déterminé à redéfinir les frontières de l'Europe de l'Est de l'après-guerre froide, ce coup de force du secteur des combustibles fossiles vise à redéfinir la carte énergétique. Les mouvements pour la justice climatique ont gagné des batailles très importantes cette dernière décennie. Ils ont réussi à interdire la fracturation hydraulique dans des provinces, des États, des pays entiers ; l'installation d'immenses pipelines comme ceux du projet Keystone XL a été empêchée, tout comme celle de nombreux terminaux d'exportation et plusieurs tentatives de forage en Arctique. Les dirigeants autochtones ont joué un rôle central dans presque tous ces combats. Et, fait remarquable, cette semaine, plus de 1 500 institutions, représentant à elles seules un capital de 40 000 milliards de dollars en fonds de dotation et de pensions de retraite, se sont engagées à réduire leurs investissements dans les énergies fossiles, résultat d'une décennie de lutte tenace pour le désinvestissement.

Mais voici un secret souvent bien gardé par nos mouvements, même au sein de leurs propres rangs : depuis que le prix du pétrole s'est effondré en 2015, nous combattons une industrie qui a une main liée dans le dos. Puisque le pétrole et le gaz moins chers et plus faciles d'accès sont pratiquement épuisés en Amérique du Nord, les batailles rangées autour de nouveaux projets ont concerné en premier lieu les ressources non conventionnelles et plus coûteuses à extraire : les combustibles fossiles emprisonnés dans la roche de schiste, les grands fonds marins, les glaces arctiques, ou les boues semi-solides des sables bitumineux de l'Alberta. Beaucoup de ces nouveaux horizons en matière de ressources fossiles ne devinrent rentables qu'après l'invasion de l'Irak par les États-Unis en 2003 et la flambée des prix du pétrole qui s'ensuivit. Il devint tout à coup sensé sur le plan économique de réaliser ces investissements de plusieurs milliards de dollars pour extraire le pétrole du fond des océans ou transformer le bitume boueux de l'Alberta en pétrole raffiné. C'était l'époque du plein essor, et le *Financial Times* décrivait la frénésie déclenchée par les sables bitumineux comme « le plus grand boom que connut l'Amérique du Nord en matière de ressources depuis la ruée vers l'or du Klondike ».

Cependant, quand le prix du pétrole s'effondra en 2015, la détermination de l'industrie à maintenir un rythme de croissance aussi frénétique s'étiola. Dans certains cas, les investisseurs n'étaient plus sûrs de récupérer l'argent investi, ce qui incita de grandes entreprises à se retirer de l'Arctique et des sables bitumineux. Et avec la baisse des bénéfices et des cours boursiers, les orchestrateurs du désinvestissement furent soudain en mesure de faire valoir que les actions boursières liées aux carburants fossiles n'étaient pas seulement immorales, mais également un piètre investissement, même d'un point de vue capitaliste.

Eh bien, les actes de Poutine ont délié la main dans le dos des grandes sociétés pétrolières et l'ont refermée en un poing.

Cela explique la vague récente d'attaques contre les mouvements pour le climat et contre les quelques membres du Parti démocrate qui avaient proposé des mesures de protection du climat fondées sur des études scientifiques. Le représentant républicain Tom Reed, élu new-yorkais à la Chambre des représentants des États-Unis, affirmait la semaine passée : « Les États-Unis ont les ressources énergétiques pour éjecter purement et simplement la Russie du marché du pétrole et du gaz, mais nous n'utilisons pas ces ressources parce que les partisans du président Biden lèchent les bottes des extrémistes environnementaux du Parti démocrate. »

La vérité se trouve à l'exact opposé. Si les gouvernements avaient effectivement appliqué les politiques prometteuses, semblables au *Green New Deal*, qu'ils proposaient ces quinze dernières années, Poutine ne serait pas en mesure de mépriser la loi et l'opinion internationales comme il le fait, de manière aussi flagrante, puisqu'il est assuré d'avoir toujours des clients pour ses hydrocarbures de plus en plus rentables. La crise sous-jacente à laquelle nous faisons face ne vient pas du fait que les pays d'Amérique du Nord et d'Europe de l'Ouest n'ont pas réussi à suffisamment développer leurs infrastructures de combustibles fossiles pour supplanter le pétrole et le gaz russes, mais bien du fait que nous tous – les États-Unis, le Canada, l'Allemagne, le Japon – consommons toujours des quantités obscènes et intenables de pétrole et de gaz, et donc d'énergie, point final.

Nous connaissons la solution pour sortir de cette crise : développer rapidement l'infrastructure pour les énergies renouvelables, alimenter les foyers avec de l'énergie éolienne et solaire, électrifier nos systèmes de transport. Et puisque toutes les sources d'énergie ont un coût écologique, nous devons également réduire notre demande énergétique de manière générale, en améliorant l'efficience, en favorisant les transports en commun, et en réduisant la surconsommation et le gaspillage. Les mouvements pour la justice climatique le répètent depuis des décennies. Le problème n'est pas que les élites politiques ont passé trop de temps à écouter les soi-disant extrémistes environnementaux, mais bien plutôt qu'elles ont à peine daigné nous écouter.

Nous nous trouvons désormais à un étrange carrefour, où tout semble possible. La compagnie pétrolière BP a annoncé dimanche qu'elle allait vendre sa participation de 20 % détenue chez le géant pétrolier russe Rosneft, et d'autres sont en train de suivre son exemple. C'est potentiellement une bonne nouvelle pour l'Ukraine, car la pression sur ce secteur des plus critiques attirera à coup sûr l'attention de Poutine. Cependant, il faut aussi préciser que cela n'est probablement dû qu'au projet de BP de profiter pleinement de la frénésie pétrolière et gazière, déclenchée par la hausse des prix en Amérique du Nord et ailleurs. « BP reste confiant dans la flexibilité et la résilience de son cadre financier », assurait le communiqué de presse annonçant l'opération Rosneft pour rassurer les observateurs du marché.

Ce n'est pas un hasard non plus que la nouvelle concernant BP soit tombée quelques heures après l'annonce par le chancelier allemand Olaf Scholz que son pays allait construire deux nouveaux terminaux d'import pour recevoir des cargaisons de gaz naturel, aggravant ainsi sa dépendance aux énergies fossiles en pleine urgence climatique. Ces terminaux étaient dénoncés depuis longtemps par les écologistes allemands, mais sous couvert de la guerre, voilà maintenant qu'on les impose, en les présentant comme le seul moyen de compenser la pénurie de gaz engendrée par l'annonce récente de Scholz de sa décision de ne pas acheminer de gaz par Nord Stream 2, le pipeline récemment assemblé passant sous la mer Baltique. Cette décision a transformé une infrastructure ultramoderne de l'énergie fossile en « Un trou dans le sol de 11 milliards de dollars », pour reprendre les termes d'Eric Reguly, chef du bureau européen du *Globe and Mail*.

Mais il n'y a pas que les projets liés aux combustibles fossiles qu'on relance après les avoir arrêtés. « Nous allons mettre les bouchées doubles sur les énergies renouvelables, annonçait la présidente de la Commission européenne Ursula von der Leyen avant l'invasion russe. Cela renforcera l'indépendance stratégique de l'Europe au niveau énergétique. »

Alors que nous voyons en quelques jours seulement les pièces se déplacer rapidement sur l'échiquier géopolitique, parallèlement à la dernière vague de sanctions spectaculaires contre les banques et le transport aérien russes, les raisons de s'inquiéter ne manquent pas, avec notamment le renouvellement de mesures punissant les pauvres pour les crimes des riches. Mais il y a aussi des lueurs d'optimisme. Ce qui est encourageant n'est pas tant la substance de chaque action individuelle que leur rapidité et la résolution dont elles témoignent. Comme dans les premiers mois de l'épidémie, la réponse qui a été faite à l'invasion russe devrait nous rappeler que malgré la complexité de nos systèmes financiers et énergétiques, les décisions de simples mortels s'avèrent encore capables de les transformer.

Il vaut la peine de se pencher un moment sur ce que cela implique. Si l'Allemagne peut abandonner un pipeline qui a coûté 11 milliards de dollars parce qu'il est soudain perçu comme immoral (il l'a toujours été), alors toutes les infrastructures d'énergies fossiles qui violent notre droit à un climat stable devraient aussi faire l'objet d'un débat. Si BP peut se départir d'une participation à 20 % dans une grande compagnie pétrolière russe, alors quel investissement ne pourrait-on pas abandonner, s'il implique la destruction d'une planète habitable ? Et si l'on peut allouer l'argent public à la construction de terminaux gaziers en un claquement de doigts, alors il n'est pas trop tard pour se battre pour bien plus de solaire et d'éolien.

Comme Bill McKibben l'a écrit dans son excellente lettre d'information la semaine dernière, Biden pourrait contribuer à cette transformation et user de pouvoirs dont il ne dispose qu'en situation d'urgence, en invoquant le *Defense Production Act*[1] pour construire un grand nombre de pompes à chaleur électriques et les expédier en Europe dans le but d'atténuer les difficultés causées par la privation du gaz russe. C'est de ce genre d'esprit créatif dont nous avons besoin à l'heure actuelle. Car si nous construisons de nouvelles infrastructures énergétiques – et nous le devons –, il faut que ce soient les infrastructures du futur, et pas un regain de nostalgie toxique.

Il y a de nombreuses leçons à tirer du moment fébrile que nous traversons. Sur les dangers de la prolifération incontrôlée des armes nucléaires. Sur le manque de vision à long terme que trahit le fait d'humilier d'anciennes grandes puissances. Sur le grotesque deux poids, deux mesures des médias occidentaux quant à savoir quelles terres, quelles vies sont considérées comme envahissables ou sacrifiables. Sur quelles migrations forcées sont traitées comme des crises pour les personnes déplacées, et quelles autres sont traitées comme des crises pour les pays vers lesquels elles se déplacent. Sur la détermination avec laquelle des gens ordinaires se battent pour des terres : et parmi ces luttes

1. NDT : « Loi sur la production de défense ». Loi datant de 1950 permettant à l'État d'imposer à des compagnies privées la priorisation de commandes des gouvernements fédéraux.

pour l'autodétermination et l'intégrité territoriale, lesquelles sont célébrées comme héroïques et quelles autres pointées du doigt comme terroristes. De ce moment d'histoire pure que nous traversons, voilà les enseignements que nous devons tirer.

Et nous devons aussi retenir celui-ci : il est encore possible pour nous, humains, de changer le monde que nous avons bâti lorsqu'il s'agit d'une question de survie, et de le faire vite et de manière radicale. Comme il y a deux ans, quand l'état de pandémie a été déclaré, nous vivons à nouveau un moment terrifiant mais extrêmement malléable.

La guerre est en train de redéfinir les contours de notre monde, mais l'urgence climatique aussi. La question est la suivante : allons-nous mettre à profit le niveau d'urgence et d'action induit par ce temps de guerre pour accélérer la mise en œuvre de mesures climatiques et nous protéger pour les décennies à venir, ou bien allons-nous laisser la guerre jeter plus de carburant sur une planète déjà en train de brûler ? Svitlana Krakovska, une scientifique ukrainienne appartenant au groupe de travail du GIEC à l'origine du rapport publié cette semaine, a récemment exposé cet enjeu de manière percutante. Alors même que son pays subissait les attaques du Kremlin, elle aurait déclaré à ses collègues scientifiques lors d'une réunion virtuelle que « le changement climatique d'origine humaine et la guerre contre l'Ukraine ont les mêmes racines, les énergies fossiles et notre dépendance à leur égard ».

Les outrages commis par la Russie en Ukraine devraient nous rappeler que l'influence corruptrice du pétrole et du gaz se trouve à la racine même de pratiquement toutes les forces qui déstabilisent notre planète. L'arrogance fanfaronne de Poutine ? Elle vous est offerte par le pétrole, le gaz et l'arsenal nucléaire. Les camions qui occupèrent Ottawa un mois durant, harcelant les habitants, saturant l'air de gaz de pots d'échappement et créant des émules partout dans le monde ? Une cheffe de file de l'occupation s'est présentée au tribunal il y a quelques jours, vêtue d'un sweat « *I ♥ Oil and Gas*[1] ». Elle sait qui sont ses sponsors. Le déni de la Covid et le déferlement de conspirationnisme ? Eh bien, une fois que vous avez commencé à nier l'existence du dérèglement climatique, nier aussi celle de l'épidémie, des élections, ou n'importe quelle réalité objective ne demande pas un gros effort.

À ce stade avancé du débat, tout cela, nous l'avons globalement bien compris. Les mouvements pour la justice climatique ont gagné tous les débats en faveur d'une action de transformation. Ce que nous risquons de perdre, dans ce brouillard de guerre, c'est notre sang-froid. Car rien ne change mieux le sujet qu'une violence extrême, même celle que la flambée du prix du pétrole subventionne activement. Pour éviter que cela ne se produise, nous pourrions faire pire que de nous inspirer de Krakovska, qui aurait dit à ses collègues du GIEC pendant leur réunion à huis clos : « Nous ne capitulerons pas en Ukraine, et nous espérons que le monde ne capitulera pas dans la construction d'un avenir résilient au changement climatique. » Ses paroles auraient tellement ému son homologue russe, comme le rapportent des témoins, qu'il aurait rompu les rangs et présenté ses excuses pour les actions de son gouvernement – un bref aperçu d'un monde qui regarde vers l'avenir et non vers le passé.

Traduit de l'anglais par Sonia Baudry et relu par Laurent Vannini.

Cet article a été publié dans The Intercept *le 1er mars 2022 avec pour titre original « Toxic Nostalgia, from Putin to Trump to the Trucker Convoys ».*

1. « J'♥ le pétrole et le gaz. »

À Wuhan, ce que l'épidémie a changé, ce sont les gens

Fang Fang

Portable obligatoire, QR code valide, masque dans tous les espaces publics, dépistages réguliers : si la pandémie de Covid-19 est en grande partie résorbée en Chine, les mesures de contrôle de la population qui ont permis de la canaliser restent plus que jamais en vigueur. Elles sont devenues la norme, la règle du jeu d'un nouveau monde plus sombre que l'ancien, où prédominent le sentiment d'impuissance, la sensation d'être à la merci d'une surveillance d'État toujours plus vigilante, toujours plus invasive, analyse l'écrivaine chinoise Fang Fang.

Le 23 janvier 2020, les autorités annonçaient la mise en quarantaine de Wuhan en raison d'une « épidémie de pneumonie à coronavirus ».

Résidant dans cette mégapole du centre de la Chine, je m'y suis retrouvée enfermée, tout comme des millions d'autres personnes. Très vite, la peur et l'affolement se sont emparés de nous. L'ombre de la mort planait sur la ville. Des informations faisaient état d'hôpitaux au bord de la rupture. D'un seul coup, notre vie a basculé dans l'incertitude la plus totale. Étais-je contaminée ? Mes proches l'étaient-ils ? Et s'il s'avérait que nous l'étions, pourrions-nous être admis à l'hôpital ? Se pouvait-il que la ville soit livrée à elle-même (selon la rumeur, Wuhan était alors encerclée par des unités militaires de défense biochimique) ? Quand il a surgi, ce virus était inconnu. Féroce. Terrifiant. Dans l'esprit de tous, l'attraper, c'était être condamné à mourir, presque assurément. Piégés dans la ville, nous étions à sa merci, saisis d'effroi.

C'est alors qu'une revue [de Shanghai] m'a contactée pour me suggérer d'écrire un « journal de confinement ». Dès le troisième jour de la quarantaine, j'ai ainsi commencé à relater sur Internet la progression de l'épidémie et la vie des habitants de Wuhan. On était le 25 janvier, jour du Nouvel An chinois.

J'ai posté ces textes sur Weibo[1]... De petits récits écrits au fil de la plume, des sortes de comptes rendus. Sans m'astreindre à aucun travail de construction ni à soigner le style. Je les voyais comme de la matière première, que je pourrais reprendre plus tard. Au départ, je n'avais pas prévu d'en écrire un chaque jour. Je n'avais pas imaginé que nous serions confinés si longtemps, et moins encore que cette épidémie allait se répandre dans le monde entier. Je considérais les choses très simplement, sans doute par déformation professionnelle : j'étais sur place, j'allais m'informer en interrogeant les gens autour de moi et rapporter le plus fidèlement possible le cours des événements.

Sans l'avoir prémédité le moins du monde, j'ai finalement écrit soixante de ces récits, avant d'arrêter une fois l'épidémie maîtrisée [le 24 mars 2020]. Deux semaines plus tard, la quarantaine de Wuhan était officiellement levée. Elle avait duré soixante-seize jours. Un événement sans précédent dans l'histoire de la ville.

Que le temps file. Deux ans ont passé en un clin d'œil. Au printemps, cette année, je me suis replongée dans mon « Journal de Wuhan[2] », ayant décidé d'en réviser de nouveau le texte. Page après page, tout m'est revenu à l'esprit :

1. NDLR : L'équivalent chinois du réseau social Facebook.
2. Publié en français sous le titre *Wuhan, ville close*, Paris, Stock, 2020.

ces moments de tension, de lutte sans répit ; l'atmosphère pesante, la confusion, la désolation ; les cris, les appels à l'aide ; les noms et les visages ; l'amour et la colère ; le sang et les larmes. Comme je suis heureuse d'avoir témoigné de tout cela jour après jour ! Sans ces récits, sans tous les détails qu'ils comportent, beaucoup de choses auraient été définitivement oubliées. Et en voyant aujourd'hui les rues de Wuhan illuminées la nuit, ses habitants en train de lire le journal ou de surfer sur Internet à toute heure, on pourrait avoir l'impression que rien ne s'est passé. Pourtant, c'était il y a seulement deux ans.

Selon un fameux adage de la Chine antique, « le Maître, se trouvant au bord d'une rivière, dit : "Tout passe comme cette eau ! Rien ne s'arrête ni le jour ni la nuit[1]" ». Il évoque avec mélancolie le temps qui s'écoule, auquel rien n'a jamais pu faire obstacle. Que l'on baigne ou qu'on se noie dans la joie ou la tristesse, dans les plaisirs ou la souffrance, que l'on ait le cœur léger ou affligé de douleur, que l'on soit accablé de misères ou comblé de bonheur, le temps nous ignore. Il nous surpasse. Comme l'eau, il polit les souvenirs jusqu'à les faire disparaître. Comme le vent, il efface jusqu'à ce qui est gravé dans la pierre.

Alors, à chaque fois qu'on me demande si Wuhan a changé, je réponds que tout y est plus ou moins comme avant. Oui, plus ou moins. Une ville n'est qu'un espace où vivent les gens, qui s'insère dans le temps à sa façon, y suivant son propre chemin. Catastrophe ou pas, ce qui est voué en elle à changer change, et le reste demeure inchangé. Alors oui, il se peut qu'un peu moins d'immeubles soient sortis de terre, que quelques commerces aient fait faillite, ou tout aussi bien qu'une rue ou l'autre ait été rénovée… Mais ces choses seraient arrivées de toute façon, même s'il n'y avait pas eu d'épidémie. Sauf ravages d'une guerre, les transformations qui affectent une ville sont peu visibles ; souvent on

1. Confucius, *Entretiens*, IX-16.

n'y prête même pas attention. Il n'y a alors pas grand-chose à en dire, comme d'une journée ordinaire.

Ce que l'épidémie a changé, en revanche, ce sont les gens. Ceux qui vivaient là et qu'elle a tant fait souffrir.

Tyrannie du QR code

Je me souviens d'une femme dont le pseudonyme sur Internet était « Âme en pleurs ». Une mère. Pendant le confinement, sa fille unique, contaminée, est morte. Pour cette femme, c'est comme si le ciel s'était effondré. Sur son compte Weibo, elle n'arrêtait pas d'exhorter les responsables à répondre de leurs actes, leur criant que le décès de sa fille ne pouvait pas rester sans explications. Mais la censure, avec son arsenal d'interdictions et les suspensions de comptes des contrevenants, rend à peine audibles les voix qui s'élèvent comme la sienne. Et les lamentations de cette femme ne sont plus jamais parvenues à mes oreilles.

Combien y a-t-il d'« âmes en pleurs », à Wuhan, qu'il s'agisse de mères ou d'enfants ? Sans parler de toutes ces familles dont plusieurs membres ont été emportés en l'espace de quelques jours. Je pense que la profonde douleur laissée par l'année 2020 dans le cœur des survivants de ces foyers brisés sera toujours là, que la ville change ou non.

À Wuhan aujourd'hui, le virus ne sème plus la mort autour de lui comme au début, et pourtant les mesures de prévention restent au cœur de l'existence des habitants. Elles ont modifié notre mode de vie, nos habitudes et l'état d'esprit de chacun. Ainsi tout le monde doit avoir un portable, pouvoir présenter un QR code vert, porter un masque. On doit aller faire la queue pour passer un test de dépistage PCR, parfois deux, trois jours de suite. Si on ne le fait pas, de vert le QR code passe immédiatement au gris – ce qui vous bloque l'accès à tous les lieux publics. Bus, métro, écoles, centres commerciaux, banques, bureaux de poste, tous ces endroits qui font partie de la vie quotidienne sont inaccessibles sans un QR code vert. Sans ce sésame, on ne peut même pas prendre l'autoroute. Jamais autant qu'aujourd'hui la vie ne nous a conduits à nous sentir si désemparés.

Mon destin a lui aussi changé à cause de cette épidémie. Le jour même où la quarantaine de Wuhan a été levée, le 8 avril 2020, la traduction de mon journal a été mise en prévente sur Internet aux États-Unis et en Allemagne. En Chine, la nouvelle a aussitôt mis le feu aux poudres. Je suis devenue la cible d'un flot d'insultes. On m'a brusquement accusée de tous les maux. Alors que ce « Journal » m'avait été commandé par une revue chinoise, on me soupçonnait soudain de l'avoir écrit à l'instigation des États-Unis. Sa publication à l'étranger, on ne peut plus ordinaire pour une écrivaine, fut cette fois-ci jugée « anormalement rapide ».

Tout cela parce que j'y témoignais de la vie au quotidien et de l'état d'esprit de la population pendant la quarantaine, parce que j'y critiquais les autorités pour avoir dissimulé la vérité et tardé à agir dans les premiers jours de l'épidémie, parce que j'y faisais part de ma compassion pour ceux qui avaient succombé au virus, plus encore parce que j'y appelais sans cesse les responsables à répondre de leurs actes. Or traduire et publier cette réalité dans d'autres langues, c'était la rendre intelligible hors de nos frontières. Je devins celle qui avait « donné le couteau » aux forces antichinoises d'Occident, une « vendue », une « traître à la patrie ».

J'ai été attaquée avec violence sur Internet pendant plus d'un an. C'étaient calomnies et injures, partout sur la Toile. Des gens ont vociféré qu'ils allaient venir en bande m'assassiner à Wuhan, d'autres ont lancé un appel aux cercles d'arts martiaux pour qu'ils envoient leurs membres me passer à tabac. Quelqu'un a collé des affichettes insultantes sur les murs de la ville. On a suggéré de me représenter sous forme d'une sculpture humiliante. On a même fait courir le bruit que je m'étais enfuie aux États-Unis et que, arrivée là-bas, j'aurais été expulsée par le gouvernement américain, ou qu'un mandat d'arrêt y aurait été lancé contre moi, me forçant à fuir de nouveau.

Tout cela sans compter les innombrables vidéos, chansons et dessins visant à me démolir. Face à cette déferlante, je n'ai eu la possibilité ni de répliquer ni de contre-attaquer. J'ai été totalement censurée : la moindre interview, le moindre début d'explication étaient supprimés à peine parus. Dans les médias, mon nom est devenu tabou : aujourd'hui encore, on le remplace par des astérisques.

Quant aux autorités, loin de formuler un jugement rationnel, fondé sur ce que j'avais écrit dans *Wuhan, ville close*, elles ont préféré se fier aux interprétations biaisées d'internautes malveillants reposant sur de simples extraits et lancer contre moi une répression aveugle. Les sanctions prises à mon égard n'ont pas de sens : il m'est interdit de publier quoi que ce soit en Chine et de participer à toute manifestation littéraire ou d'utilité publique. Non seulement les médias doivent taire mon nom, mais il est strictement interdit aux chercheurs d'entreprendre le moindre travail universitaire sur mes œuvres[1]. Et, lorsqu'un média indépendant prend malgré tout l'initiative de me donner la parole, l'article est immédiatement censuré, quand le site n'est pas carrément bloqué. Cela va plus loin encore : je reçois, sans arrêt, des appels de personnes occupant des postes officiels haut placés qui me mettent en garde, me rappelant qu'il m'est interdit d'accepter les interviews de médias étrangers. Je suis sur écoute, sous surveillance… Et pourtant, dès que je sors de chez moi, on m'appelle pour savoir où je suis, au prétexte qu'on « s'inquiète » pour moi.

L'an dernier, en juin, quelques amis m'ont proposé d'aller faire un tour avec eux à Lizhuang [réputé pour sa vieille ville], dans le Sichuan. Nous nous y sommes rendus en voiture. À mi-trajet, ils ont reçu des appels urgents de leurs unités de travail respectives leur intimant de rentrer le soir même, puis la police les a convoqués à plusieurs reprises

1. NDLR : Fang Fang a écrit plus de quatre-vingts romans et essais – tous publiés en Chine et certains distingués par des prix littéraires.

pour les interroger. De son côté, l'hôtel où j'avais prévu de loger à Lizhuang a été contraint de refuser de me recevoir. Ce n'était qu'un petit voyage entre amis…

Vivre ainsi vous emplit d'un grand sentiment d'impuissance. Je nomme cette oppression des autorités envers moi « violence froide d'État ». Dès lors que le pouvoir et certaines forces malfaisantes au sein de la population sont parvenus à un consensus et qu'ils agissent de concert, qu'ils se sont unis et coopèrent, il ne me reste que le silence. Une triste réalité, mais d'une tristesse qui ne me concerne pas !

Beaucoup de choses ne seront plus jamais comme avant. La liberté à laquelle nous aspirons, l'ouverture que nous désirons tant, la vie que nous voudrions s'éloignent de nous. Devant ce constat, je ne trouve aucune raison d'être optimiste, mais j'ai malgré tout le courage et la force de choisir de faire face, sereinement.

Traduit du mandarin par Frédéric Dalléas.

Cet article est paru dans Le Monde diplomatique *en août 2022 sous le titre « Ce que l'épidémie a changé, ce sont les gens ».*

La conscience a-t-elle un genre ?

Sophie Grace Chappell

La conscience est-elle genrée ? Est-elle sexuée ? À cette double question, la philosophe britannique Sophie Grace Chappell répond – non sans un brin de provocation – par l'affirmative. Oui, les normes de genre imprègnent notre conscience ; oui, nos corps influencent la manière dont nous pensons. Mais ce ne sont pas, loin de là, les seules réalités qui nous singularisent, loin de là. Le genre n'est qu'un trait, arbitraire, de notre identité sociale. Quant au sexe, il ne résume pas notre vécu charnel. Il est possible de donner du sens à ces catégories sans nous y enfermer.

« Quel effet cela fait d'être une chauve-souris[1] ? » Nagel considère comme des vérités évidentes le fait qu'il existe une chose qui soit l'expérience d'être une chauve-souris, qu'il y a des faits décrivant ce que cela fait d'être une chauve-souris ; les chauves-souris ont une conscience, comme nous. Mais les chauves-souris et les humains ont des types de conscience très différents. Dans la lignée de « Quel effet cela fait d'être une chauve-souris ? », nous pourrions également poser les deux questions : « Quel effet cela fait d'être un homme ? » et « Quel effet cela fait d'être une femme ? ». Y a-t-il une chose qui soit distinctement propre au fait d'être un homme ou une femme, tout comme il y aurait quelque chose qui

1. Thomas Nagel, *Questions mortelles*, trad. Pascal Engel, Paris, Presses universitaires de France, 1983.

soit distinctement propre au fait d'être une chauve-souris ou un humain (ou un chien, ou un lama, etc.) ? Au niveau de notre conscience, y a-t-il un « monde des hommes » et un « monde des femmes » ? S'agit-il de royaumes de conscience bien séparés, avec chacun une saveur bien particulière ?

Le sexe est distinct du genre ; je vais expliquer dans quelle mesure dans un instant. Cette question peut donc être divisée en deux. On peut se demander s'il y a quelque chose qui soit distinctement propre à l'expérience d'être femelle ou mâle (question relative au sexe). Et on peut se demander s'il y a quelque chose qui soit distinctement propre à l'expérience d'être féminin ou masculin (question relative au genre).

Je crois que la réponse à ces deux questions est : « Bien sûr que oui. » Pourquoi oui ? Et pourquoi « bien sûr » ?

Il y a quelque chose de distinctement propre à l'expérience d'être un mâle ou une femelle, parce qu'un aspect crucial – et complètement évident – de ce que cela fait d'être humain est la corporéité. Notre conscience de notre propre corps est essentielle à presque tout le reste de notre conscience. (Il existe apparemment des expériences « extra-corporelles », mais elles restent exceptionnelles.) La forme de nos corps, et la conscience que nous avons d'eux « de l'intérieur », est une condition essentielle à la forme de notre phénoménologie : *ce que cela fait d'avoir un corps humain* est un élément clé *de ce que cela fait d'être humain*. Notez au passage combien ce point peut nous aider pour la question initiale de Nagel « Quel effet cela fait d'être une chauve-souris ? », et aussi pour le questionnement qui suit, cherchant à savoir comment les faits relatifs aux corps sont liés aux faits relatifs à la conscience. Notez aussi dans quelle mesure il *ne peut pas* nous aider à répondre à ces deux questions.

Mais les corps mâle et femelle sont différents, et ce de façon caractéristique. Des différences typiques distinguent les corps mâle et femelle, comme les organes génitaux, la présence ou absence de seins, la répartition des graisses et des poils, la taille et la musculature. Leurs sensibilités sont différentes : les femelles sont plus sensibles au froid, les hommes gèrent moins bien le manque de sommeil. Ils sont affectés par des sécrétions hormonales différentes, des rythmes biologiques différents, et leurs hormones différentes ont des effets différents sur leurs humeurs et inclinations. Dans les grandes lignes, les femelles (ou la plupart d'entre elles, dans une certaine fourchette d'âges) subissent des cycles menstruels, tandis que les hommes (même nuance) subissent… la testostérone. Les corps mâle et femelle ont même des odeurs différentes (j'en déduis que cela est dû aux différences hormonales).

Pour ce qui est de la distinction de sexe, mâle/femelle, ce qui est pris en compte est le physique ; dans le cas de la distinction de genre, masculin/féminin, ce qui est pris en compte est le politique. Les consciences mâle et femelle sont différentes parce que les corps mâle et femelle sont différents ; mais les consciences masculine et féminine sont différentes parce que les rôles politiques des mâles et des femelles sont différents. Il y a donc bien quelque chose de distinctement propre au masculin ou au féminin, parce qu'un aspect crucial – et complètement évident – de l'expérience humaine est la vie politique.

J'utilise ici le mot « politique » au sens large. Là où il y a des humains, il y a des relations de pouvoir. Un des fondements de ces relations de pouvoir est la gestion des attentes. Prédire le comportement des autres humains (que ce soit un groupe ou un seul individu) est une tâche d'une complexité considérable. Nous rendons cette tâche plus gérable au moyen de conventions et de tabous, par les attentes et les formes de dépendance, les contrats et les accords, les traditions et les règles : avec le temps, cette réalité se transforme en idéologie.

Un point central dans beaucoup de ces conventions (etc.) est la représentation que l'on se fait des autres humains. Le sexe biologique (réel ou perçu) est une façon évidente de se représenter ce qu'ils sont. De ce fait, avec le temps, découle l'idéologie du genre : nous développons une histoire décrivant quels types de rôle dans la communauté et dans la société découlent de l'appartenance à l'un ou l'autre des sexes biologiques.

Nos concepts de « masculin » et « féminin » sont justement des histoires de ce type. C'est ce genre d'histoires qui codifie non seulement les relations de pouvoir, mais aussi d'oppression, et cela a clairement été leur fonction depuis le début de notre civilisation.

« Attendez un instant, objecteront peut-être certains à ce stade, la conscience, ce n'est rien d'autre que notre connaissance subjective du monde ! Que vient faire la politique dans la question de savoir si oui ou non la conscience est genrée ? » La réponse est que cette objection attribue à la conscience une fausse dimension – et idéologiquement motivée – de pureté, détachée de ce monde. La philosophie de l'esprit, n'en déplaise à tant de ses partisans contemporains, n'est pas un champ d'étude neutre éthiquement ou idéologiquement innocent. La philosophie de l'esprit fait partie des « sciences humaines » ; c'est un sujet éminemment politique. Aussi quand Karl Marx a inventé l'expression « conscience de classe » (*Klassenbewusstsein*), son usage du terme « conscience » ne reposait pas sur une pure homophonie. Nous, les humains, sommes des êtres physiques et politiques : notre condition politique façonne notre connaissance subjective du monde aussi certainement que notre condition physique.

Je me rappelle un voyage que j'avais fait en Bulgarie avant la fin du communisme et combien j'avais été frappée par le langage corporel des gens, si différent de leur manière de se tenir en Angleterre : les épaules tombantes, les regards fuyants, évitant celui des autres, la façon furtive de se faufiler, même pour simplement traverser le hall d'une gare, et bien sûr la vigilance constante qui leur faisait jeter des regards tout autour d'eux, pour guetter la présence de la police, dont le langage corporel était complètement différent de celui de tous les autres : eux avaient celui de petits coqs, se pavanant sans gêne, l'entrejambe en avant, celui de petites brutes de cour de récré. Il peut paraître convenu de dire qu'on surveille toujours ses arrières quand on vit sous la tyrannie ; mais c'est la vérité pure et simple. La réalité de la surveillance omniprésente inocule dans toute votre expérience une sensation de vulnérabilité, d'être à nu, exposé.

La conscience n'est pas une chose abstraite et désincarnée : elle est, entre autres, chargée politiquement. L'oppression n'est pas non plus une simple abstraction : pour les opprimés, elle influence chaque perception de leur environnement, de ce qui leur est permis, des obstacles, des menaces et des possibilités qui se présentent sur leur chemin. Pour transposer une remarque de Wittgenstein[1], le monde de la personne opprimée est un *autre monde* que celui de la personne libre.

En somme, donc : la conscience est genrée, et clairement genrée, car les réalités politiques de ce que cela fait d'être masculin ou féminin sont distinctement différentes. De plus, la conscience est sexuée aussi, et clairement sexuée, car les réalités physiques de ce que cela fait d'être mâle ou femelle sont distinctement différentes. Et voilà pourquoi la réponse à nos deux questions n'est pas simplement « Oui » mais « Oui, clairement ».

Au stade où nous sommes, j'anticipe deux objections : l'une venant (pour ainsi dire) de la droite, et l'autre de la gauche.

L'objection de la droite concernera ce que j'ai dit à propos du masculin/féminin et de l'oppression politique. Ce sera : « Vous ne pouvez pas dire que le genre est source d'oppression *aujourd'hui* en montrant qu'il l'a été *autrefois* ! »

1. NDT : Citation d'origine : « Le monde de l'homme heureux est un autre monde que celui de l'homme malheureux », *in* Ludwig Wittgenstein, *Tractatus logico-philosophicus*, trad. Gilles-Gaston Granger, Paris, NRF Gallimard, 1993, proposition n° 6.43, p. 111.

L'objection de la gauche, au contraire, concernera ce que j'ai dit plus tôt sur les différences physiques mâle/femelle et sera : « Ouah, des différences innées entre mâles et femelles, sur la base de leurs corps ? C'est tellement sexiste. »

À l'objection de la droite, je réponds que le genre est une idéologie qui opprime les gens dans notre société. L'objection a raison d'attirer notre attention sur le fait du changement historique : argument toujours pertinent dans le cadre de réflexions au sujet de la politique, mais qui a bien trop tendance à disparaître en philosophie, même quand ce champ philosophique est celui de l'éthique. Il est encore plus facile d'oublier cette possibilité de changement au fil du temps quand il s'agit de philosophie de l'esprit.

Les gens ne s'aperçoivent pas toujours que l'éthique est un sujet conditionné par l'histoire et la politique. Et même quand ils s'en aperçoivent, ils ont encore tendance (comme je le disais plus tôt) à faire la supposition erronée que, contrairement à l'éthique, la philosophie de l'esprit est une étude apolitique. Cette erreur peut facilement perturber notre approfondissement de la question : « La conscience est-elle genrée ? » Il n'existe aucun fait intemporel qui permette de répondre à cette question : le genre est idéologique et politique, et les idéologies et la politique changent. Donc bien que la conscience soit en réalité toujours genrée, elle peut l'être de différentes façons, qui correspondent à ces différentes possibilités politiques et idéologiques. Et étant donné que les idéologies ne sont pas toutes également mauvaises ou nocives – puisque certaines, d'ailleurs, ne sont pas nocives du tout –, nous pouvons nous demander à quoi ressemblerait une idéologie du genre qui serait *bénigne*. Y a-t-il une façon de garder dans notre société la distinction, ou une distinction masculin/féminin qui serait non nocive, et peut-être même bénéfique ? Oui, je le crois. Mais je me contente ici de noter cette possibilité ; je n'essaierai pas de l'explorer davantage.

Tournons-nous vers l'objection de la gauche. Il s'agit de l'objection selon laquelle il est sexiste de dire, comme je l'ai fait, qu'une conscience n'est pas seulement genrée, mais aussi sexuée, car il existe des différences physiques entre les mâles et les femelles. Ma réponse est : pas du tout, *pour autant* que nous remarquions que la distinction mâle/femelle n'est pas le seul axe de différence physique que nous puissions observer parmi les corps humains. Tout comme nous pouvons identifier un corps humain comme ayant des caractéristiques mâles ou femelles, nous pouvons aussi l'identifier comme étant vieux ou jeune, en bonne santé ou malade, gros ou maigre, fort ou faible, valide ou en situation de handicap, et bien d'autres. Si ma question avait été « La conscience humaine est-elle modifiée par la santé/la maladie ? », ma réponse à cette question aurait aussi été « Oui, bien sûr ». Si cela avait été « la conscience est-elle modifiée par l'âge ? », même chose. Et il en va sans doute de même pour les aspects gros/maigre, fort/faible, et toutes sortes d'autres distinctions corporelles qu'on pourrait établir de la même manière.

À tous ces égards, je suis simplement la logique de ma propre argumentation. J'ai commencé en disant qu'un déterminant crucial de la conscience ou subjectivité humaine est notre expérience de notre propre corporéité : ce que cela fait d'avoir un corps humain est un élément clé de ce que cela fait d'être humain. Mais il y a de nombreux types de corps humains. Pour un très grand nombre de ces types d'êtres humains particuliers que nous distinguons en nous référant à leur corps, ce que cela fait d'être un humain de ce type revêt une nature différente, déterminée par la référence faite au type de corps en question. Or, une des distinctions que nous faisons à propos des corps humains est bien sûr celle du mâle/femelle. Mais *ce n'en est qu'une parmi d'autres*. Ce qui soulève l'allégation de sexisme ici est la perception selon laquelle j'aurais dit que la distinction mâle/femelle est la seule distinction clé que nous faisons entre les corps humains. Mais je n'ai pas dit ça. À aucun moment ; et ce que je viens de dire le contredit explicitement.

Alors, la conscience est-elle genrée, différenciée par la distinction masculin/féminin ? Oui ; et elle est aussi sexuée, différenciée par la distinction mâle/femelle. Mais elle est aussi différenciée de beaucoup d'autres façons, reposant sur beaucoup d'autres distinctions. Les différences auxquelles nous choisissons d'accorder de l'importance ne sont pas déterminées par la biologie, mais par nous.

En guise de post-scriptum : il y a une autre distinction que vous pourriez attendre de ma part ici, du moins si vous en savez un peu sur ma vie personnelle. C'est la distinction cis/trans, celle entre ceux qui sont transgenres et ceux qui ne le sont pas. Nous nous sommes demandé si la conscience était genrée. Qu'en est-il de savoir si elle est transgenrée ? Y a-t-il, autrement dit, une expérience distincte et spécifique liée au fait d'être transgenre ?

En tant que femme trans, ma réponse est : « Oui, très certainement. » Être transgenre implique une relation *très* particulière aux dualités masculin/féminin et mâle/femelle. D'après mon expérience, cela signifie se sentir en décalage avec ces deux classifications. Je me voyais personnellement être étiquetée comme masculine et mâle quand ce qui me semblait juste et naturel, ce que je voulais pour moi, était d'être étiquetée de l'autre côté de cette dualité – comme féminine, femelle. Il s'agissait pour moi de me rendre compte, entre bien d'autres choses, que ma conscience avait une qualité particulière et distincte qui manifestement n'était pas présente dans la conscience des autres – sauf quand ils étaient transgenres eux aussi.

Il y a d'autres histoires transgenres possibles. (Même pour les femmes trans ; les hommes trans et les personnes sans affirmation de genre ont leur propre parcours.) Par exemple, une personne pourrait vouloir seulement passer de mâle à femelle et rejeter totalement la distinction masculin/féminin (car elle pourrait la considérer comme une mauvaise idéologie qu'il faudrait simplement abolir). Ou elle pourrait seulement vouloir passer du masculin au féminin, et rejeter la distinction mâle/femelle tout aussi clairement (car elle pourrait considérer cela comme des aspects biologiques insignifiants qui ne devraient même pas être mis en avant dans notre façon d'organiser la société ou de nous penser nous-mêmes). C'est ainsi, en tout cas, que certaines femmes trans le vivent – moi incluse : nous pensons – et penser est un acte central de notre conscience – que les deux distinctions mâle/femelle et masculin/féminin peuvent trouver des expressions politiques qui soient positives et inoffensives. Et nous pensons personnellement que nous nous en sortirions mieux en étant à l'écart de cette double dualité plutôt que là où nous avons été assignés au départ.

En règle générale, quand les gens jugent de ce qui leur conviendrait le mieux, iels (y compris les personnes trans) ont vraisemblablement raison. Et nous vivons dans une société où chacun est censé pouvoir choisir ce qu'iel estime le mieux lui convenir, même quand cela n'est pas vrai, avec une grande latitude de liberté. On peine donc à comprendre pourquoi il serait difficile pour quiconque d'accorder aux personnes transgenres ce même droit, simple, d'autodétermination que les personnes cisgenres tiennent pour acquis.

Quoi qu'il en soit, bienvenue au Royaume-Uni, 2022.

Traduit de l'anglais par Sonia Baudry et relu par Laurent Vannini.

Cet article a été publié par The Institutes of Arts and Ideas (IAI) le 24 janvier 2022 sous le titre original « Does Consciousness Have a Gender? » et reproduit ici avec leur aimable autorisation.

En Ukraine, rejoue-t-on 1914, 1918 ou 1939 ?

Anne Applebaum

Face à l'invasion de l'Ukraine par la Russie, l'Europe devrait faire front. Mais l'appréciation des risques varie grandement d'un pays à l'autre. Comme l'analyse l'écrivaine Anne Applebaum, le cadre historique d'interprétation de la situation n'est pas le même entre l'Allemagne qui se voit en 1914, à la veille d'un embrasement du continent qu'il faut à tout prix éviter, la France qui se réfère au traité de Versailles de 1918 pour appeler à la modération des exigences occidentales face à Poutine, et la Pologne qui se considère comme en 1939, juste avant l'éclatement d'un conflit inévitable avec un ennemi idéologique. Difficile, dans ces conditions, d'agir d'une seule voix.

Vous avez écrit *Famine rouge. La guerre de Staline en Ukraine* [Grasset, 2019]. Quels sentiments éprouvez-vous face à la guerre actuelle ?

J'ai ce sentiment terrible que l'histoire se répète. Les atrocités décrites dans mon livre se reproduisent et… je sais comment elles se terminent. De ce fait, j'aspire à voir la machine infernale s'arrêter.

Pourtant on ne perçoit aucun signe d'arrêt rapide de cette guerre.

Si cette guerre aboutit à une annexion d'une importante partie du territoire ukrainien par la Russie, cela aura pour conséquences sa reprise et son amplification ultérieures. Les Russes mettront à profit une pause pour se ressaisir, se procurer de nouveaux armements, former davantage de soldats et repartir à l'attaque. C'est ce qu'ils ont déjà fait en 2014. L'unique solution est la victoire de l'Ukraine. Je sais bien que cet objectif peut s'avérer difficile, voire impossible à atteindre. La victoire signifierait chasser les Russes des territoires envahis depuis le 24 février, obtenir des garanties de sécurité pour l'Ukraine, ainsi que le retour des exilés.

Pour cela, l'appui durable de l'Occident sera indispensable. Or on observe déjà des premiers signes de lassitude.

Ce serait effroyable, il faut tenir. Pour vaincre Hitler, il a fallu plusieurs années d'une puissante alliance militaire.

Pourtant, nos relations avec l'Ukraine risquent probablement d'être affectées par les tensions liées aux difficultés économiques, telles que la hausse du prix des carburants, les pénuries alimentaires et même la faim dans le monde.

Ce ne sont pas les sanctions qui provoquent la famine, mais la guerre. À plus longue échéance, si nous voulons éviter une crise alimentaire, il faudra que la guerre s'arrête, car la poursuite des combats en Ukraine entrave non seulement l'exportation, mais aussi la production des denrées alimentaires. Et j'en reviens donc au point de départ, l'unique solution durable est de vaincre les troupes russes.

En ce qui concerne l'acheminement des produits alimentaires, une solution provisoire serait à l'étude en organisant des convois sous l'égide du PAM *[Programme alimentaire mondial]* et sous la protection de navires français, turcs et égyptiens, chargés également de protéger le port d'Odessa.

À Davos, Henry Kissinger a récemment proposé un accord de paix au prix de concessions territoriales. Vous vous êtes disputée avec lui en redoutant un nouvel accord de Munich.

J'ai parlé avec Kissinger récemment. Il prétend que ses propos ont été mal interprétés et qu'il n'a pas parlé des territoires conquis récemment.

Il est tout de même difficile d'ignorer le fossé entre l'opinion dominante aux États-Unis, qui est favorable à l'épuisement et à l'affaiblissement total de la Russie, et celle des alliés européens, qui souhaitent plutôt un arrêt rapide de cette guerre.

Les Américains aussi souhaitent que cette guerre se termine. La question est comment, et c'est là que les Européens font preuve d'un manque de réalisme. Ils s'imaginent qu'il suffirait de faire des concessions territoriales. Cela est faux. Si nous permettons aux Russes d'annexer les territoires conquis durant les trois derniers mois, cela ne fera que les encourager à continuer. Je ne comprends pas cette position et je la trouve totalement utopique.

On peut en dire autant des appels du président Macron à ne pas humilier la Russie et à l'intégrer dans la future architecture de défense européenne.

Je n'ai rien contre les tentatives de dialogue d'Emmanuel Macron avec Vladimir Poutine, pour anticiper des relations futures. En effet, la Russie et l'Europe restent voisines et devront continuer à coexister.

En revanche, je ne peux admettre qu'il déclare ne pas vouloir humilier la Russie. Il y a là une profonde erreur d'appréciation. Les références historiques servant à prendre des décisions aujourd'hui ne sont pas du tout les mêmes selon les pays.

Les Allemands s'inspirent de 1914 et en déduisent qu'il faut éviter un embrasement du conflit au reste de l'Europe.

Ils craignent des conséquences semblables à celles de l'assassinat de François-Ferdinand à Sarajevo.

Les Français se voient en 1918, lors du traité de Versailles, et ils redoutent qu'une ligne trop dure à l'encontre de la Russie ne conduise cette dernière vers des projets encore plus funestes.

Les Polonais se considèrent en 1939, à la veille d'une grande guerre avec un ennemi idéologique qui ne cédera pas facilement.

Je fais moi-même partie de cet univers polonais, partagé par certains Britanniques, Américains et peut-être Suédois.

Mais cela ne veut pas dire que les Français sont partisans de l'apaisement ou qu'ils n'ont pas de sens moral. Il s'agit seulement de différences d'appréciation des risques et des scénarios de la guerre. De mon point de vue, les Français se fourvoient et je tente de les convaincre qu'ils s'appuient sur des références historiques erronées.

Comment pouvons-nous, dans ces conditions, renforcer une alliance militaire ?

Ce problème n'est pas nouveau. Même durant la période de la guerre froide, la perception de l'URSS au sein des pays de l'Otan était variable.

En Grande-Bretagne et en Allemagne, il y avait des mouvements pacifistes bien souvent composés de gens qui ne considéraient pas du tout l'Union soviétique comme une ennemie. La menace soviétique n'était pas perçue de façon univoque.

Il convient donc de s'en souvenir. Aujourd'hui, les Américains sont en mesure d'imposer leur point de vue étant donné que leur capacité à fournir des armes est de très loin la plus importante.

Je ne sais pas si les Polonais en sont conscients, mais les États-Unis fournissent actuellement trente à quarante fois plus d'armes à l'Ukraine que tous les autres pays réunis. Par conséquent, si les Américains changeaient d'avis, s'ils décidaient qu'il s'agissait d'une affaire purement européenne, la configuration du danger serait différente.

Jusqu'en février, l'enjeu majeur des États-Unis était la Chine et non la Russie.

La Chine reste leur enjeu majeur.

Comment peuvent-ils alors faire face à ces deux défis ?

L'administration américaine s'en occupe activement. Le secrétaire d'État Antony Blinken a justement effectué une tournée en Asie, des discussions se tiennent régulièrement avec le Japon et la Corée du Sud. Washington accorde toujours autant d'importance à sa présence en Asie. Mais parallèlement, les Américains ne sous-estiment pas la guerre entre l'Ukraine et la Russie.

Pour l'instant, la rivalité avec la Chine n'a pas de caractère militaire. C'est plutôt un différend idéologique et économique. Les Américains envisagent par exemple le scénario d'une chute potentielle des échanges commerciaux avec la Chine et étudient les moyens d'y faire face. Faire face à la fois au défi russe et au défi chinois n'est pas incompatible.

Dans son livre *Le Grand Échiquier* [Pluriel, 2011], Zbigniew Brzeziński expliquait qu'en cas de conflit avec la Chine, il faudrait que les Russes soient du côté des Occidentaux.

La Russie est à présent avec la Chine, bien que cette relation semble ambivalente de la part de Pékin. Cependant, la Chine garde un œil très attentif sur les défaillances stratégiques et militaires de la Russie. Je sais que le président Biden essaie par tous les moyens possibles de convaincre la direction chinoise que soutenir les Russes serait une erreur.

Avec quels résultats ?

Les Chinois sont prudents par rapport aux sanctions – ils ne coopèrent pas avec les entreprises ciblées. Certaines demandes de soutien à la Russie restent sans réponses. Mais si les Chinois voulaient mettre un terme à cette guerre, ils y parviendraient probablement. De leur point de vue, cette guerre a aussi de bons côtés – ne serait-ce qu'en affaiblissant l'Occident, en raison de coûteuses dépenses militaires. Par ailleurs, les Russes ont entrepris cette guerre car ils se savent soutenus par la Chine.

Pour en revenir au peuple russe, qu'est-il arrivé à l'âme russe ? Les Russes étaient réputés pour leurs émotions, leur empathie, leurs gestes nobles, la religion. Je ne parviens pas à concilier cela avec les comportements des jeunes soldats russes enclins à la barbarie.

Plus personne ne croit en « l'âme russe », c'est un mythe issu d'un passé lointain. Ces dernières années, Poutine s'est efforcé de faire naître un tout nouveau mythe : la Russie comme défenseur de la race blanche et chrétienne contre les gens de couleur, l'islam, la théorie du genre, la gauche et les homosexuels.

Naturellement, c'est une absurdité, puisque peu de Russes fréquentent les églises et presque personne ne lit la Bible. Le taux d'avortement et de divorce est élevé. Les Russes n'ont rien de particulièrement chrétien. Mais ils exploitent ce mythe afin de rallier l'extrême droite occidentale tout comme la droite radicale polonaise.

Les éléments de langage du parti polonais Droit et Justice (PIS) sont semblables au langage poutinien quand il s'agit de décrire un Occident dégénéré, la dépravation des homosexuels, etc. Il s'inspire donc de la propagande russe pour décrire le monde. J'espère que la guerre mettra un terme à cela. Il n'y a rien de chrétien à violer des femmes, à torturer et à assassiner des civils.

Aujourd'hui nous entendons des appels à boycotter tout ce qui est russe, y compris Tchaïkovski, Chostakovitch ou Tchekhov.

Il faut bien au contraire encourager et soutenir la scène russe alternative : j'espère que les Russes libéraux, occidentalisés et européanisés, qui souhaitent vivre différemment et qui fuient leur pays, pourront s'y réinstaller durant la prochaine décennie. Nous nous devons de soutenir ces dissidents, tout comme la part de la culture russe ouverte sur le monde.

Le boycott en Occident touche souvent des individus, comme ce chef d'orchestre rejeté par un orchestre symphonique [Valery Gergiev] en raison de sa sympathie pour Poutine et de son soutien officiel à la guerre. Je peux comprendre cela. Il en va de même vis-à-vis des sportifs qui soutiennent la guerre et arborent la lettre Z. En revanche, nous devrions soutenir et écouter l'opposition russe, car elle sera, je l'espère, l'avenir de la Russie.

Comment peut-on les soutenir ? S'agit-il d'un soutien financier ?

On peut les soutenir financièrement mais il faut surtout les soutenir moralement. Il faut entretenir les contacts avec les dissidents et les considérer comme partenaires. Le président Zelensky s'y emploie. Au début de la guerre, il avait accordé une interview à quatre journalistes de médias russes indépendants et s'était exprimé en russe.

Je connais de nombreuses personnes de ce milieu et je poursuis le dialogue avec elles. Je voudrais qu'elles connaissent le succès. Nous ne combattons pas le peuple russe, nous luttons contre l'impérialisme russe.

Traduit du polonais par Jacques Nitecki.

Ces propos ont été recueillis par Marek Ostrowski et publiés le 17 juin 2022 par le journal polonais Polityka, *puis repris par le média* Desk Russie *le 24 juin 2022 avec pour titre « La seule solution durable est de vaincre les troupes russes ».*

Travail : une révolution culturelle est en cours

Monique Dagnaud

*S*ilent quitting, *« grande démission » postpandémie, revenu universel, immixtion de l'intelligence artificielle dans l'entreprise, etc. : les visions de l'emploi se métamorphosent rapidement ces dernières années. La sociologue Monique Dagnaud nuance les discours qui, partant de ces bouleversements, annoncent la fin du travail. Non, le travail – en particulier le désir de travailler – n'est pas près de disparaître. Il occupe simplement une place moins importante dans nos économies psychiques. Les salariés sont de moins en moins attachés à leur entreprise. Le travail constitue toujours une dimension importante de leur identité sociale, mais cette identité est de plus en plus fluide.*

La pandémie a engendré une crise sur le sens du travail, d'ailleurs les chiffres sur les changements d'orientation professionnelle ou universitaire des jeunes au cours de cette période sont impressionnants. Aujourd'hui les difficultés à accepter des conditions d'exercice de la vie professionnelle sont visibles partout : les démissions[1] pour accéder à un emploi plus satisfaisant vont crescendo – emploi que l'on trouve le plus souvent, puisque les embauches s'accroissent aussi ; recherche de nouveaux modes de vie et réorientation

1. 470 000 Français ont démissionné de leur emploi au cours du premier trimestre 2022, soit 20 % de plus qu'au dernier trimestre 2019 (source : Dares).

des formes d'activités chez beaucoup de Français[1] ; bifurcation plus ou moins radicale des projets et des ambitions de certains diplômés ; simultanément, même si cette opinion paraît circonscrite à certains milieux, critique exacerbée de la société capitaliste/productiviste et du style de consommation qui l'accompagne. Le développement des burn out et le recours à une aide psychologique pour des motifs liés au travail livrent une preuve supplémentaire. On pourrait faire la comptabilité des méditations existentielles, des rêves perdus, des réévaluations d'idées et de valeurs semées par la crise sanitaire. Pour certains jeunes, le travail salarié est presque devenu une option parmi d'autres. Ce tournant culturel amplifie toutefois un mouvement déjà ancré depuis au moins une décennie. Le déplacement des plaques tectoniques autour du travail mérite un décryptage.

L'irruption d'une menace vitale

Les Français s'étaient habitués à vivre, depuis plus de soixante-dix ans, dans un climat de relative sécurité, une protection assurée par l'État providence. En 2020, le retour du tragique et des incertitudes majeures, celles qui touchent à la vie et à la mort, a opéré comme une déflagration sur nos vies paisibles et a engendré un séisme psychologique par sa brutalité temporelle. Le dérèglement climatique, menace à laquelle les nouvelles générations sont les plus sensibles, et pour laquelle elles sont les plus engagées – et qui, de fait, les expose bien davantage que la Covid –, ne produit pas la même sidération, en raison de son caractère diffus et à effets différés. Malgré une abondance de rapports et de scénarios alarmistes, les échéances auxquelles l'humanité sera confrontée de manière vitale aux conséquences du réchauffement

1. Parmi les internautes qui ont répondu à l'enquête « Et maintenant ? » (Arte/France Culture), 25 % des 18-24 ans et 32 % des 25-39 ans ont changé d'orientation professionnelle. Par ailleurs, 17 % des 18-24 ans d'orientation des études. Voir mon article sur *Telos*, « Travail : du rêve éveillé de la génération Y au réveil », 3 février 2022.

sont assez floues car elles dépendent d'actions collectives incertaines et peu coordonnées. L'imprévisibilité de la pandémie, au contraire, a provoqué un saisissement et il n'est pas surprenant que dans un tel contexte les individus, en premier ceux qui entrent dans la vie active, s'interrogent gravement sur le « que faire de sa vie ».

Le renouvellement de la revendication (déjà ancienne) du bien-être au travail

La sensibilité aux conditions de travail s'est intensifiée depuis une vingtaine d'années dans le contexte de la globalisation et de l'essor de la numérisation. De fait, la dynamique du changement est intervenue par le haut, la strate des très diplômés. D'un côté, dans une économie reposant sur l'innovation, attirer et fidéliser « les talents » à forte expertise scientifique et technologique est un impératif : dans les milieux de la tech américaine ou française, et au-delà des salaires très confortables, tout est organisé pour que ces ingénieurs et développeurs se sentent épanouis, reconnus et incités à se dépasser. On ne lésine pas sur les services mis à leur disposition, on rend flexibles leurs horaires, on leur accorde du temps pour qu'ils s'adonnent à des recherches personnelles, on invente des gratifications originales, on se montre généreux sur leur temps libre. D'un autre côté, dans les grandes organisations et même dans les petites unités, des postes au contenu vide de sens et désincarnés ont grossi : pour beaucoup d'entre eux, il s'agit de tâches à remplir à partir des chiffres et des données – les vertiges de l'ère digitale. Entre autres témoignages, une jeune autrice, Mathilde Ramadier, ex-cadre d'une start-up, dépeint d'une plume amère et ironique cette galaxie[1] des métiers d'écran.

En 2018, l'anthropologue David Graeber a établi le recensement de ces nouveaux jobs dans un livre célèbre

1. Mathilde Ramadier, *Bienvenue dans le nouveau monde*, Paris, Premier Parallèle, 2017.

(précédé d'un article tout aussi célèbre en 2013) sur les *bullshit jobs* : des emplois qui prolifèrent dans les bureaucraties publiques ou privées et qui dans l'ensemble apparaissent comme dénués d'utilité sociale[1]. La réorganisation des emplois à haute qualification, entre, d'une part, ceux qui ont pris une valeur stratégique démesurée et, de l'autre, ceux qui peuvent être tenus pour vides de sens ou particulièrement ennuyeux, a abouti en réaction à l'émergence d'un modèle idéalisé du travail par les professions intellectuelles, cadres et experts (20 % des actifs des nouvelles générations). Ce modèle est axé sur la qualité de la vie. On peut le décrire ainsi : affaiblissement de la notion de carrière au profit de cursus flexibles engageant la créativité, le changement (de poste, de secteur, d'entreprise), et l'élargissement de l'expérience ; montée au pinacle de la notion de réalisation de soi dans le travail, recherche de reconnaissance et d'autonomie, et capacité à concilier vie professionnelle et vie personnelle ; souci de l'éthique de l'entreprise, dans ses formes de management, mais aussi dans son objet et son inscription dans le développement durable ; valorisation du télétravail. Ce modèle est surtout accessible à des haut diplômés urbains et moins praticable par les actifs de la production ou des services, mais il engage un style de vie dont la désirabilité se propage dans la société.

Le débat sur le mérite et sur l'utilité sociale du travail

La crise Covid a mis en lumière la disparité des conditions de vie entre les actifs. Elle a porté au grand jour l'écart

1. David Graeber cite des salariés chargés de menues tâches au service d'un supérieur qui entend ainsi faire valoir son importance ; des salariés de la communication ou du marketing qui écument Internet pour capter de l'information ou pousser la visibilité d'une entreprise ; des salariés qui passent la journée à construire des tableaux Excel ou à établir des rapports pour satisfaire des demandes bureaucratiques ; des salariés qui s'activent à des tâches de supervision – qui, de toute façon, se feraient sans elles et eux – pour bien montrer que l'organisation est sous contrôle… Voir David Graeber, *Bullshit Jobs. A Theory*, New York, Simon & Schuster, 2018.

entre, d'une part, ceux qui ont fait marcher la société pendant le confinement, souvent des travailleurs de la production et des services commerciaux, ainsi que les secteurs du soin et de l'aide à la personne, et, d'autre part, ceux, remplissant des fonctions d'encadrement et d'expertise, qui ont pu rester chez eux, se protéger du virus, et travailler à distance grâce aux outils numériques – le télétravail encore aujourd'hui concerne un quart des salariés[1]. Dans l'après-Covid, on est donc passé d'un débat sur la méritocratie scolaire à un débat sur la méritocratie tout court. La réussite scolaire peut-elle être le fondement essentiel de la justice sociale ? Il y a sûrement une récompense excessive accordée aux haut diplômés qui cumulent estime sociale, postes de pouvoir et émoluments élevés, et qui pour beaucoup sont issus des familles aisées et culturellement privilégiées. Cette concentration de pouvoir par les gagnants du système universitaire engendre le profond ressentiment des autres, les peu ou pas diplômés, et taille une plaie béante au sein du corps social, instillant le ferment du populisme. Cette blessure qui atteint les couches populaires est devenue l'affaire cruciale du XXIe siècle. Parallèlement, aucune société ne peut se désintéresser de l'enjeu de la formation de ses dirigeants et de leur mode de sélection.

Disparition de l'*affectio societatis*

À partir du moment où les entreprises (parfois administrées par un fonds de pension ou un groupement de capitaux logés au bout du monde) se sont débarrassées facilement de leurs salariés en fonction des opportunités de marché et des cours de Bourse, ou des réorganisations administratives, le sentiment d'*affectio societatis* s'est émoussé. Aujourd'hui, la plupart des salariés naviguent sans aucun état d'âme d'une entreprise (au sens large) à l'autre. Ainsi, le goût du travail

1. 24 % des salariés continuent de télétravailler au moins un jour par semaine en février 2022 (données Dares).

ou l'intérêt pour son contenu n'ont donc pas disparu, mais l'identification à une entreprise, à une enseigne ou à un patron marque le pas. Jusqu'aux années 1970, on faisait plus fréquemment carrière dans une entité donnée, souvent identifiée à un territoire, et où on se sentait protégé par l'entreprise. Les travailleurs sont attachés à leur activité, au statut qu'elle leur confère et à l'intérêt qu'elle éveille, beaucoup moins à ceux qui les emploient.

Le travail a perdu de sa centralité

Quand on demande aux individus comment ils réagissent face à un horizon bardé de menaces et d'incertitudes, à quelles ressources ils puisent désormais pour reprendre énergie et espoir, la solution qu'ils avancent n'est pas celle d'un surinvestissement dans le travail. L'idée d'une échappatoire dans l'activité professionnelle n'est presque jamais citée par rapport à d'autres éléments de consolation : se rapprocher de la nature, par exemple, ou donner plus de temps à sa famille ou à des activités culturelles. L'érotisation du travail, formule qui connut des beaux jours dans les années 1980, 1990, est tombée dans l'oubli. Pourtant, si le travail n'est plus aussi central dans la psyché des individus, s'il n'est plus autant un facteur d'identité ou même de fierté, il demeure la clé essentielle de l'insertion et évidemment de l'assise économique de chacun[1]. Pour cette raison, il faut évaluer les aspirations, les projections, voire les fantasmes

1. En 1990, 92 % des Français en activité estimaient que le travail était « important » dans leur vie. Mais surtout, 60 % lui assignaient une place « très importante ». Qu'en est-il aujourd'hui ? En dépit d'une légère baisse, le résultat à la même question, posée à l'identique, indique que la très grande majorité des salariés (86 %) affirment toujours que le travail occupe une place importante dans leur vie, au même titre que la famille, les relations amicales ou les loisirs. En revanche, ils ne sont plus que 24 % à affirmer qu'il est « très important », contre 62 % « assez important », soit une inversion de tendance par rapport au constat réalisé en 1990 où 60 % lui accordaient une place « très importante » et 32 % une place « assez importante ». Note de Romain Bendavid, Fondation Jean-Jaurès, 1er juillet 2022.

qui l'entourent à l'aune des comportements réels. Ce qui a changé récemment avec la reprise économique et la bonne santé du marché de l'emploi, c'est l'inversion du rapport de force entre patronat et salariés, et cela au bénéfice de ces derniers : une conjoncture qui explique aussi l'envol spectaculaire des démissions.

Certes, la fin du travail n'est pas programmée pour demain matin, mais les nouvelles façons d'aborder l'emploi auront à l'évidence dans l'avenir un impact économique et politique d'envergure. Affaire à suivre, donc.

Cet article est paru sur le site de la revue numérique Telos *le 6 septembre 2022.*

Comment prendre des décisions difficiles sans avoir peur de se tromper ?

Ruth Chang

Déménager à la campagne, faire sa demande en mariage, avoir un enfant, commencer un nouveau travail : comment prendre la bonne décision face à un choix de vie ? En nous débarrassant de l'idée qu'il y aurait une bonne et une mauvaise décision, affirme Ruth Chang. Il ne s'agit pas, bien entendu, de décider à pile ou face : l'essentiel, pour la philosophe britannique, c'est de s'impliquer pleinement dans son choix, de l'embrasser, de se l'approprier – de tout faire pour qu'il soit, effectivement, le bon.

Vous avez fait votre licence à l'université de Dartmouth, puis vous avez obtenu un diplôme à la Harvard Law School. Vous avez aussi un doctorat de philosophie d'Oxford. Que vous a-t-on transmis, durant votre enfance, qui vous a permis d'en arriver là ?

Je viens d'une famille d'immigrés, très pauvre : mes parents ont fui la Chine durant la révolution. Mon père a obtenu une bourse pour aller aux États-Unis, à l'université du Minnesota, l'État où je suis née. Dans la culture chinoise, la tradition confucianiste dit qu'apprendre est quelque chose d'honorable, qui a de la valeur. Ainsi, chez moi, quand j'étais enfant, on supposait que j'irais à l'université et que mes frères et moi, nous aurions des notes excellentes. On n'envisageait pas autre chose.

Avant de vous consacrer à la philosophie, vous avez été avocate. Qu'est-ce qui vous a poussée à changer de métier ?

J'ai toujours été amoureuse de la philosophie mais j'ai été trop lâche pour m'y consacrer. Il me semblait ridicule qu'une fille d'immigrés ait une carrière professionnelle en tant que philosophe. C'est pourquoi j'ai étudié le droit, et j'ai détesté ce cursus. J'ai travaillé dans un cabinet d'avocats, et j'ai détesté ce métier. J'ai notamment dû traiter deux cas qui m'ont dissuadée de passer plus de temps à faire du droit. C'est cette expérience qui m'a fait m'engager dans ce dont je m'occupe aujourd'hui, c'est-à-dire la philosophie.

Vous aviez 25 ans : ce fut votre première décision difficile ?

C'est une bonne question et je m'étonne de ne pas y avoir pensé avant… Oui, ce fut ma première grande décision difficile !

Et cela vous a conduite jusqu'à votre domaine de recherche actuel ?

Oui. Les philosophes, tout comme les autres chercheurs, travaillent sur leurs propres « bêtes noires ». J'étais une personne qui avait beaucoup de mal à prendre des décisions, parce que je pesais toujours le pour et le contre, je doutais tout le temps : j'avais peur de ce qu'il adviendrait suite à ma décision.

Parlez-moi des décisions « difficiles » : il s'agit des décisions majeures que nous avons du mal à prendre par peur de nous tromper ?

Face à un choix difficile nous faisons l'erreur de penser qu'une option est meilleure qu'une autre et que nous sommes trop bêtes ou ignorants pour être capables de découvrir laquelle. Or les décisions difficiles ne fonctionnent pas comme cela : elles sont difficiles parce qu'il n'y a pas de meilleure option. Dans ce type d'alternatives, des facteurs multiples entrent en jeu et aucune des options ne paraît meilleure que l'autre de manière évidente.

Alors on peut en décider à pile ou face ?

Non, la solution pour choisir son orientation, un travail, ou bien si l'on vit à la campagne ou en ville, n'est pas de lancer une pièce en l'air. La solution est d'exercer le pouvoir que nous avons en tant qu'être humain pour nous engager dans quelque chose.

Comment ?

Face aux décisions difficiles nous devons faire l'exercice de notre pouvoir normatif, nous créer des raisons, des valeurs qui nous sont propres. Quand on aborde un choix difficile, nous ne devrions pas nous prendre la tête pour savoir quelle est la meilleure option, car celle-ci n'existe pas. Au lieu de chercher des raisons en dehors de nous, nous devrions les chercher en nous-mêmes : qui voulons-nous être ? L'être humain a le pouvoir de s'engager par ses choix, pour les renforcer et pour faire de ceux-ci les meilleurs choix : pour faire de lui-même, par exemple, le type de personnes à qui cela convient mieux de vivre à la campagne plutôt qu'en ville, ou qui préfère étudier telle matière plutôt que telle autre.

Mais produire ces raisons a un coût : est-ce pour cela que nous évitons de prendre des décisions difficiles ?

Oui, absolument. L'une des réactions habituelles face à une décision difficile est de reporter son issue. On le fait dans l'espoir que les circonstances changent et que la décision devienne facile à prendre... C'est quelque chose de très naturel qui vient de la peur de prendre la mauvaise décision. Mais mon point de vue consiste à dire que dans une décision vraiment difficile on ne peut pas se tromper, car les deux options sont équivalentes : ce que l'on fait, c'est s'engager dans une option, de sorte que celle-ci soit la meilleure pour nous.

Vous citez George Bernard Shaw, qui a dit que la vie n'était pas une affaire de rencontre avec soi-même, mais de construction de soi-même...

La capacité à nous construire nous-mêmes est ce qui nous rend humains, et les décisions nous aident à le faire. Quand on choisit son partenaire, on peut faire deux choses : ou bien s'engager avec quelqu'un et faire que cette personne soit la meilleure pour soi, que cela fonctionne, ou – et cela est aussi quelque chose de parfaitement rationnel – on peut se laisser guider par quelqu'un. Beaucoup de gens prennent des décisions difficiles sans s'engager.

Et cela fonctionne ?

Quand on se laisse entraîner aussi bien que lorsque l'on s'engage, il peut arriver que l'on se trouve face à un monde qui ne va pas dans notre sens, qu'il y ait des revers. Mais la différence – et cela est absolument crucial – c'est que quand vous vous êtes engagé et qu'un obstacle se présente, vous le voyez comme quelque chose que vous pouvez surmonter, et non comme la marque que cette décision était une erreur. Pourquoi ? Parce que vous vous êtes déjà engagé dans cette voie : c'est votre vie, c'est vous.

Avec votre théorie on se libère de la peur de se tromper, toujours si présente à l'heure de prendre une décision importante. Est-ce bien cela ?

Comme nous le disions, beaucoup de gens essaient d'éviter ce type de décisions, ce qui est dommage : s'ils ne les affrontent pas, ils reportent la chance précieuse de se modeler eux-mêmes. Or, c'est une chance dont on devrait se réjouir plutôt que de l'éviter ! Mais l'une des raisons pour lesquelles les gens craignent les décisions difficiles, c'est qu'ils croient qu'il y a une bonne option, et, je le répète, il n'y a pas de bonne option, c'est nous qui en faisons une bonne option. Ce n'est pas une façon de parler, c'est la vérité : si l'on s'engage sur un chemin, la façon que l'on aura de voir les choses changera du tout au tout. Les engagements nous donnent la possibilité de mener nos vies comme nous le souhaitons.

La sagesse populaire dit : « La nuit porte conseil. » Les facteurs physiques sont-ils importants au moment de choisir ?

Mon étude préférée sur le sujet est hollandaise : elle soutient que si votre vessie est pleine et que vous devez faire un choix dans ces circonstances, le contrôle dont vous avez besoin pour vous retenir affecte votre façon de décider. Dans ces conditions, on a tendance à choisir l'option la plus conservatrice. Lorsque vous vous trouvez dans un état physique qui a une incidence sur votre décision, il est préférable de vous reposer et de prendre de la distance avant de faire ce choix difficile.

Que se passe-t-il avec l'intuition, l'instinct ? Peuvent-ils nous aider ?

Non ! C'est un mythe très répandu. Ce que nous disent les données scientifiques, c'est que l'instinct n'est utile pour prendre des décisions que dans un cas plutôt surprenant : lorsque l'on est expert du sujet sur lequel on doit prendre une décision. Si l'on s'y connaît en voitures et que l'on doit choisir entre plusieurs modèles, notre instinct agira comme un raccourci pour prendre la décision. Mais ne vous fiez pas à votre instinct si vous n'êtes pas expert en cette matière !

Intéressons-nous aux choix du quotidien. Aujourd'hui l'offre est immense : au supermarché, sur la page d'accueil de Netflix... Prenons-nous plus de décisions que jamais auparavant ?

Il existe une idée très répandue, qui est celle de l'embarras du choix : plus il y a de choix possibles, moins nous sommes capables de bien choisir. Les options seraient comme un bruit parasitaire… Mais si l'on a une idée claire de ce que l'on veut, la multiplicité des options offertes au consommateur n'a pas nécessairement pour conséquence la perte de la capacité de choisir ; ce que nous devons avoir, c'est une idée claire.

Beaucoup de parents décident de tout pour leurs enfants : devrions-nous plutôt les entraîner à prendre des décisions ?

Si on permet toujours à un autre de choisir à notre place, on n'aura jamais l'expérience de peser le pour et le contre des différentes options, de les évaluer et d'expérimenter les conséquences de nos décisions. D'apprendre de nos erreurs. Et, surtout, et c'est le plus important pour moi, on ne pourra jamais s'en sortir face à une décision difficile. Si votre père ou votre mère intervient sans cesse et vous dit : « Tu seras avocat, pas artiste », vous ne pourrez jamais exprimer votre autonomie. Vous serez comme un esclave passif, à qui quelqu'un dit toujours quoi faire. Je crois que c'est une conséquence regrettable d'une éducation faite de bonnes intentions.

Les décisions difficiles peuvent-elles changer l'histoire ? Je pense à la décision de lancer une bombe atomique sur Hiroshima…

Parfois, nous savons qu'une décision est juste, mais le coût de celle-ci est si grand que cela la rend très difficile à prendre : je l'appelle le « Cas de James Franco », en référence au film *127 Heures*, où un alpiniste se retrouve piégé dans une roche et se rend compte que la seule façon de se sauver est de se couper un bras… Ce serait une façon de concevoir la bombe lancée sur Hiroshima : nous lançons une bombe mais nous nous retrouvons avec la guerre… À titre personnel, je crois que ce n'est pas une bonne façon de l'analyser, car je pense que ce qu'il y avait à faire, c'était de ne pas lancer la bombe. Mais la bombe a été lancée et selon moi cela n'a pas été une décision difficile mais une erreur. Mais c'est quelque chose dont on peut débattre.

Traduit de l'espagnol par Tania Sanchez. Traduction revue par Montserrat Yañez-Prada.

Cet entretien a été réalisé par Eva Millet et publié dans La Vanguardia *le 22 juin 2022 avec pour titre original « Ruth Chang, la filósofa que te enseñará a tomar decisiones difíciles sin miedo a equivocarte ».*

Le lendemain de l'élection de Marine Le Pen

Véronique Nahoum-Grappe

Et si Marine Le Pen remportait l'élection présidentielle ? C'est le scénario qu'imaginait l'anthropologue Véronique Nahoum-Grappe en avril 2022. Et de donner à voir les effets désastreux de l'extrême droite au pouvoir, comme pour les conjurer : des inhibitions du racisme, xénophobie décomplexée, réduction des allocations sociales, attaques contre la recherche universitaire. À ce tableau noir, l'invasion de l'Ukraine par la Russie ajoute une ombre géopolitique – car il ne fait nul doute que Marine Le Pen refuserait de combattre Poutine, et bloquerait les sanctions contre son régime. Le pire, sans doute, ne s'est pas produit, mais nul ne sait ce qui arrivera dans cinq ans.

Le lendemain du jour où Marine Le Pen est élue, il se produit un effet de cadrage social quasi immédiat. Les Français racistes sortent de l'ombre et redressent le menton : le risque d'explosion d'injures, de gestes et de crimes racistes, parfois sous uniformes policiers, augmentera mécaniquement, grâce à cette sourde autorisation venue d'en haut, source d'impunité potentielle. Les jeunes aux teints pluriels seront alors en plus grand danger dans l'espace public, les parents des quartiers ne dormiront plus, mortellement inquiets quand leur progéniture sera dehors la nuit.

Dans les « quartiers » périurbains mélangés et précaires, désignés comme « n'étant plus la France », l'armée viendra bientôt aider la police à « rétablir l'ordre » et, certaines nuits, les jeunes identitaires d'extrême droite, souvent entraînés aux sports de combat, viendront aussi tenter de « reconquérir les territoires perdus de la République ». Et les prisons vont éclater de surpopulation en très peu de temps. Un changement d'atmosphère, au début insensible, mais plus sombre et plus tendue, modifiera nos démarches, nos échanges, la manière dont nos regards se croisent dans l'espace urbain : le lien social non verbal perdra en connivence.

Dans le même temps, les exilés, migrants, réfugiés de toutes les couleurs, ceux que tant de militants de gauche défendent depuis des années mais dont le vote blanc du second tour va causer le malheur, verront leurs extrêmes difficultés de survie se redoubler d'une véritable terreur. En effet, des camions passeront, encore la nuit, pour les sortir des tentes bleues et les emmener dans des lieux de dé/rétention entourés de barbelés, avant l'expulsion vers l'enfer qu'ils ont eu le courage de quitter. Les mineurs isolés étrangers seront en grand danger en France.

Contre les « assistés », bientôt, les allocations sociales seront réduites puis supprimées, et les budgets des associations de terrain se verront souvent asséchés. Sur le moyen terme, des mesures visibles pour le pouvoir d'achat des Français « de souche » viendront masquer une paupérisation dramatique de toute une fraction de la population précaire que les syndicats, de plus en plus étouffés, ne pourront plus défendre. Les associations humanitaires et de défense des droits humains auront une activité plus compliquée. L'ensemble du secteur social sera progressivement étranglé.

De drôles de têtes apparaîtront sur les écrans et le « genre » sera désigné comme ennemi théorique national : les facultés de sciences sociales se verront de plus en plus stigmatisées dans un changement étonnant de rhétorique académique. Les changements législatifs, qui abîmeront la séparation des pouvoirs et mettront en danger les libertés d'expression et d'action juridique, ne s'inscriront que petit à petit et de façon masquée, de plus en plus faisandés de *fake news* officielles.

Mais revenons au surlendemain : très vite, les amis français de Poutine et les professionnels du FSB viendront aux côtés de leur petite sœur pour l'aider à pourrir le terrain de l'information et lui donner les dernières recettes du thé au Novitchok… Un marais des riches membres de l'internationale d'extrême droite, avec Steve Bannon en cher ami, viendront aussi caresser les chats de Marine et lui dire comment procéder.

Présidente de l'Europe, cette Europe où les députés du Front national sirotent une soupe dans laquelle ils crachent, Marine Le Pen en changera immédiatement l'orientation internationale avec l'aide du nouvel élu hongrois d'extrême droite. En arrêtant les sanctions contre la Russie, sous prétexte d'« équité entre les belligérants », en stoppant l'aide à la résistance ukrainienne héroïque sous prétexte de pacifisme, en quittant l'Otan au plus vite sous prétexte d'indépendance nationale, en rétablissant les médias prorusses sous prétexte de lutte contre la censure, elle tentera de sauver l'image de Poutine dans les quinze jours qui suivront son élection et, ce faisant, fera gravement reculer la civilisation européenne.

En conséquence, le hasard historique de cette année 2022 fait qu'une Marine Le Pen, dès le lendemain de son élection, sera un danger non seulement pour la France, mais aussi pour l'Europe. Comme toutes les extrêmes droites aidées par Poutine, elle sera à sa botte, dans le contexte d'une guerre qui massacre les êtres humains et leurs droits.

Cet article a été publié dans la revue Esprit *en avril 2022.*

La culture des armes à feu rend les victimes responsables

Rebecca Solnit

Comment expliquer l'incapacité de l'Amérique à réguler le marché des armes à feu alors que se multiplient les fusillades avec des armes de guerre de plus en plus meurtrières contre des enfants, des femmes, des homosexuels, des Noirs ou des musulmans ? Pour l'essayiste et écrivaine féministe Rebecca Solnit, cela s'explique par la tyrannie qu'exerce une minorité viriliste, machiste et suprémaciste. Mais aussi par une culture de la violence qui rend les victimes responsables de leur sécurité.

Les armes à feu symbolisent le pouvoir d'une minorité sur la majorité, et elles sont devenues les icônes d'un parti qui s'est transformé en une secte cherchant à obtenir le pouvoir d'une minorité.

Les points sont faciles à relier, parce qu'ils sont très proches les uns des autres et parce qu'ils correspondent aux blessures d'entrée et de sortie infligées à la société américaine par la sous-culture qui vénère l'arme à feu. Le Texas, tout en renforçant les restrictions sur l'avortement, les a progressivement relâchées sur les armes à feu. Ces armes sont les symboles d'une version particulière de la masculinité faite de liberté illimitée, de pouvoir, de domination, d'une identité de soldat dans laquelle chaque flingueur est le commandant et n'importe qui est une cible potentielle, dans laquelle la peur conduit à la belligérance et pour laquelle les droits du propriétaire de l'arme s'étendent si loin que personne n'a le droit d'être à l'abri de lui. À l'heure actuelle, elle s'inscrit dans un culte de la guerre suprémaciste blanc.

Tout endroit où les armes sont brandies est une zone de guerre, ce qui, d'une certaine manière, met les États-Unis aux prises avec une guerre qui mérite à peine d'être appelée civile. La population est censée s'accommoder d'un nombre croissant d'armes de guerre surpuissantes qui n'ont jamais été conçues pour un usage civil, mais qui sont utilisées encore et encore contre des civils lors de fusillades de masse dans tout le pays, y compris le 24 mai 2022 lorsque dix-neuf élèves de quatrième et deux enseignants à Uvalde, au Texas, ont été assassinés par quelqu'un dont le dix-huitième anniversaire lui permettait d'acheter le semi-automatique et les centaines de munitions qu'il a utilisés.

Au moment où le deuxième amendement a été ajouté à la Constitution, le temps de rechargement des armes était d'environ une minute et toutes étaient des armes à un coup. En revanche, le tueur de Las Vegas en 2017 a déchargé plus de mille balles par la fenêtre de son hôtel pour tuer soixante personnes en l'espace de dix minutes. L'adolescent de Buffalo qui a tué dix clients noirs et un garde de sécurité armé n'était pas une milice bien réglementée, pas plus que l'antisémite qui a tué onze personnes dans la synagogue de Pittsburgh, ou l'homophobe qui a tué quarante-neuf personnes et en a blessé cinquante-trois dans une boîte de nuit d'Orlando, ou le boucher anti-immigration d'El Paso qui a tué vingt-trois personnes et en a blessé vingt-trois autres, ou encore le tueur d'enfants qui a pris vingt-six vies à Newtown, dans le Connecticut, dont vingt enfants de 6 et 7 ans.

Pour s'adapter au culte des armes à feu et aux massacres en série, les enseignants et les enfants pratiquent des exercices scolaires qui leur rappellent sans cesse qu'ils pourraient être assassinés. Pour les y préparer, les écoles dépensent des centaines de millions de dollars pour la sécurité, le renforcement des bâtiments, les formations et les exercices, et le gouvernement fédéral dépense encore plus de millions pour les agents de police qui sécurisent les campus. Pour les accueillir, les municipalités du pays dépensent une fortune en police et en équipement, dans une sorte de course aux armements qui a également justifié la militarisation de la police. Les résultats sont peu probants : à Uvalde, la police lourdement armée et blindée semble avoir essentiellement protégé le tireur, en contrôlant la foule des parents pendant que leurs enfants mouraient, plutôt que de se précipiter sur les lieux comme ils avaient été formés, entraînés, payés et équipés pour le faire. Tout cela est une sorte de taxe sur la population, en argent et en bien-être, pour que les bandits armés puissent brandir leurs armes.

L'un des aspects les plus troublants de la droite américaine est qu'il s'agit d'un mouvement sectaire manipulé par des sociétés et des intérêts particuliers qui profitent largement de ses obsessions. Cela n'est jamais aussi vrai que pour les armes à feu. Il y a moins de vingt ans, la National Rifle Association et les fabricants d'armes ont décidé de passer de la promotion de la culture et de l'équipement de la chasse et de la vie rurale à la vente d'armes de guerre surpuissantes ainsi que des armures et des tenues qui vont avec, transformant les hommes blancs conservateurs en commandos amateurs jouant à la guerre où bon leur semble et les États-Unis en zone de guerre. La peur et la haine augmentent les profits, et c'est pourquoi elles sont toutes deux avidement cultivées par l'industrie des armes, les organes de presse de droite, les divers experts et démagogues, les chefs de milice et les néonazis.

Comme l'a écrit Ryan Busse, ancien cadre de l'industrie des armes devenu critique, dans *The Guardian* : « Alors que le vitriol déversé par la National Rifle Association (NRA) s'avérait politiquement efficace, certains acteurs de l'industrie des armes ont réalisé que ce message pouvait être adopté par l'industrie des armes à feu pour vendre plus d'armes. Pour réussir, il fallait simplement adhérer à une rhétorique effrayante et dangereuse et des armes de plus en plus puissantes. » Les politiciens républicains ont englouti les dons de l'industrie et ont adopté des lois qui ont fait exploser les ventes d'armes, les profits ont grimpé en flèche et les armes ont commencé à apparaître sous de nouvelles formes. La rage qui a conduit aux armes s'est nourrie de racisme, de haine anti-immigration, de misogynie, d'images de guerre, de fantasmes néoconfédérés et de versions caricaturales et viles de la masculinité, et les armes ont rendu tout cela dangereux. La règle des minorités perpétue cette situation, car tout comme la majorité des Américains veulent que le droit à l'avortement soit maintenu, ils veulent également que l'accès aux armes à feu soit limité.

La culture des armes à feu me rappelle la culture du viol, notamment lorsqu'elle rend les victimes, et non les auteurs, responsables de la limitation de la violence. Pour les femmes, cela signifie qu'on leur dit de réorganiser radicalement leur vie pour éviter les agressions sexuelles plutôt que de s'attendre à ce que la société protège leurs droits et leurs libertés. On nous dit de limiter nos déplacements et nos horaires, de faire attention à la solitude, aux foules, aux bars, aux boissons, aux drogues, aux siestes, aux fêtes, aux espaces publics, aux transports en commun, aux étrangers, aux villes, aux régions sauvages, de considérer nos vêtements et même notre apparence comme une provocation potentielle, de réduire notre liberté et notre confiance pour accueillir une culture de la violence. De la même manière, nous sommes maintenant censés nous adapter à une culture des armes à feu.

L'idée de droits illimités est censée s'appliquer à un nombre limité d'entre nous. Les lois sur le port d'armes non dissimulées, fait-on souvent remarquer, ne permettraient pas aux Noirs de se promener dans les supermarchés avec d'énormes armes en bandoulière ; Philando Castile a été abattu à bout portant simplement pour avoir dit à un policier qu'il avait une arme dans sa voiture en 2016 ; Tamir Rice,

12 ans, a été abattu parce qu'il tenait un fusil en plastique à Cleveland en 2014. Parallèlement, la vague de nouvelles lois sur l'avortement qui ont été adoptées et l'annulation probable de l'arrêt Roe v. Wade signifient que celles qui peuvent tomber enceintes se voient refuser même la juridiction sur leur propre corps, tandis que les propriétaires d'armes à feu affirment leurs droits sur le corps des autres.

En Oklahoma, toute personne qui tombe enceinte a moins de droits qu'un amas de quelques cellules visibles uniquement au microscope. Toute femme enceinte peut être poursuivie comme meurtrière si elle ne mène pas sa grossesse à terme. Elles sont également confrontées à une intrusion aberrante : enquête criminelle en cas de fausse couche, obligation de prouver à un système juridique peu compréhensif que la grossesse est le résultat d'un viol ou d'un inceste, sentiment que leur grossesse est surveillée et qu'elles sont des suspectes potentielles. Il y a une symétrie effroyable entre cette expansion de la violence patriarcale et le recul des droits reproductifs.

Les armes symbolisent le pouvoir d'une minorité sur la majorité, et elles sont devenues les icônes d'un parti qui est comme une secte cherchant à obtenir le pouvoir d'une minorité en supprimant le droit de vote et en persécutant les femmes, les immigrés, les Noirs, les homosexuels et les transsexuels, qui ont tous été la cible de fusillades de masse ces dernières années. C'est le même parti qui a cherché à renverser une élection par la violence attisée d'en haut, par les chefs de la secte, y compris l'ancien président et divers experts et démagogues. Rudy Giuliani a invoqué le « jugement par les armes » pour inciter la foule à se déchaîner sur le Congrès. Si les armes sont des icônes, c'est parce que la violence est un sacrement défendu comme un droit et une identité.

Les armes semi-automatiques sont des instruments de mort dont l'usage est encouragé par une secte mortifère. Et le carnage continuera jusqu'à ce que la majorité puisse renverser la minorité au pouvoir qui en profite et le perpétue.

Traduit de l'anglais par Agnès Botz.

Cet article a été publié dans The Guardian *en mai 2022 sous le titre original « US Mass Shootings Will Continue until the Majority Can Overrule the Minority ».*

L'éthique écologique distingue les perturbations acceptables… ou non

Anna L. Tsing

Comment vivre dans les ruines du capitalisme ? Cette question, l'anthropologue américaine Anna L. Tsing se la pose inlassablement depuis des années. Dans cet entretien, elle raconte la multiplicité des stratégies qui s'inventent aux quatre coins du monde pour créer de nouveaux espaces d'habitabilité dans les interstices de l'Anthropocène, et souligne que nous ne parviendrons pas seuls à régénérer le monde : nous avons besoin de tisser des alliances symbiotiques avec d'autres vivants pour nous tirer d'affaire.

Votre travail est une source d'inspiration pour beaucoup de gens dans les milieux de l'enseignement parce qu'il s'intéresse à diverses formes de vie collective, avec l'espoir de réimaginer le futur. Pourriez-vous nous dire comment vous voyez ce moment de l'Anthropocène que nous vivons et peut-être comment cela influence la façon qu'ont les chercheurs et enseignants d'entreprendre leur travail ?

Selon moi, la plus grande difficulté que l'on rencontre lorsqu'on essaie de parler de l'Anthropocène à des étudiants, ou au grand public en général, réside dans la nécessité de trouver de nouvelles façons de former nos récits, pour qu'ils parlent simultanément des histoires humaines et de celles du monde naturel. En raison de la domination exercée par des systèmes de connaissances spécifiques ces derniers siècles, les gens ont réussi à séparer ces histoires. Le résultat est que nous avons une façon bien particulière de raconter les histoires qui nous parlent des humains, et une autre façon, complètement différente, de raconter ce qui a trait aux plantes et aux animaux, aux roches et au climat, et on ne sait plus très bien mélanger les deux. Ces narrations appartiennent à des genres différents, répondent à des attentes différentes, et donc nous nous retrouvons la plupart du temps à parler des humains comme s'ils vivaient dans un espace vide. Et parallèlement, quand nous parlons des plantes et des animaux, des roches et du climat, c'est comme s'ils existaient sans humains autour. Ainsi, d'une certaine manière, le défi de l'Anthropocène est de trouver comment réunir ces façons de comprendre le monde.

Vous travaillez actuellement sur un projet transdisciplinaire avec vos collègues de l'université d'Aarhus, nommé « l'Atlas féral », où vous tâchez de mettre en lumière différentes façons de raconter des histoires, ainsi que de nouvelles techniques narratives. Pourriez-vous nous parler un peu de cet Atlas féral et nous dire pourquoi un tel projet est urgent ?

L'Atlas féral est une plateforme en ligne présentant des histoires au sujet de l'Anthropocène, que nous sommes en train de constituer avec de nombreux collègues, comme Jennifer Deger, Alder Keleman, Feifei Zhou et d'autres, qui sont coéditeurs ou curateurs numériques de ce projet. Nous comptons aussi parmi nos contributeurs environ soixante-quinze spécialistes des sciences de la nature et des sciences sociales, des artistes, auteurs et beaucoup d'autres profils, qui participent à raconter des histoires choisies au sujet de l'Anthropocène. Aucune de ces personnes ou de ces histoires, cependant, ne raconte l'histoire de l'Anthropocène entièrement.

À la place, nous avons défendu l'idée qu'un moyen de mieux comprendre ce qui se passe autour de nous est de raconter des récits *granulaires*, qui permettent de montrer les effets féraux de l'Anthropocène, considéré en tant que phénomène spatial et temporel. Il nous semblait que cela répondrait mieux aux types de questions que posent, d'une part, la justice sociale – la répartition inégale des ressources et les formes de violence qui nous entourent – et, d'autre part, les phénomènes naturels apparaissant autour de nous, qui concernent les sciences naturelles.

Aussi, par exemple, nous avons un item sur le dioxyde de carbone, pas à l'échelle planétaire, mais du point de vue de ses effets spécifiques. Les récifs coralliens, par exemple, ont été très sensibles à des changements momentanés, et donc le blanchissement des coraux et leur capacité de plus en plus réduite à jouer leur rôle de pilier au sein de grands écosystèmes à cause du réchauffement des océans, etc., est une des histoires clés de l'Anthropocène. Autrement dit, pour penser l'Anthropocène, nous avançons l'idée qu'il faut l'analyser en détachant les endroits où des différences substantielles peuvent désormais être senties, observées et imaginées, ce qui nécessite les compétences des lettres et sciences sociales d'un côté, et celles des sciences naturelles de l'autre.

Peut-être pourriez-vous préciser ce que vous entendez par « féral », ou par « féralité ». Dans ce cas précis, cela a trait aux différentes infrastructures humaines, c'est bien cela ?

Lors de la conception du projet, nous avons décidé de commencer avec le genre d'infrastructures humaines qui ont été construites pour la conquête impérialiste d'une part, et le développement industriel de l'autre, et de regarder comment ces infrastructures avaient engendré des effets anthropocéniques... Effets qui n'étaient pas nécessairement ceux qu'ils étaient censés avoir ! Le mot « involontaire », cependant, ne serait pas tout à fait juste, car dans de nombreux cas les concepteurs de ces infrastructures savaient parfaitement qu'elles auraient des effets qui n'étaient pas ceux pour lesquels elles avaient été conçues ! Dans bien des cas, ces concepteurs ne semblaient pas se soucier que certains projets infrastructurels auraient ces effets de bord… « Féral » est un terme que nous avons emprunté et étendu pour parler des façons dont les êtres vivants, mais aussi non-vivants, réagissent aux genres de projets infrastructurels imaginés par les humains. Donc des choses ordinaires comme les routes, les centrales nucléaires ou la combustion de carburants fossiles ont des effets qui dépassent ceux pour lesquels on les a conçues et promues, et c'est cela le caractère féral dont nous voulons parler aux gens… Nous l'appelons « atlas » parce que nous nous efforçons de prêter attention aux endroits précis jouant un rôle majeur. Ainsi, par exemple, la combustion des énergies fossiles dans les centres industriels du Nord produit du dioxyde de carbone, qui dérive dans le reste du monde quelques jours après seulement… Nous avons tendance à penser le dioxyde de carbone comme un phénomène planétaire en raison de la méthode souvent utilisée pour le mesurer, mais on oublie qu'il provient de lieux bien précis et qu'il subit une réduction chimique dans certaines forêts en particulier, ou à d'autres endroits. Dès lors l'Atlas féral défend l'idée que nous devons réfléchir à l'Anthropocène de façon fragmentaire… car il est socialement et environnementalement inégal.

J'aime cette idée de fragmentarité, parce qu'elle amène une façon différente de voir le monde, d'un point de vue ontologique. Et donc, sur un plan éthique, que nous offre cette fragmentarité ?

Un anthropologue nommé Eduardo Viveiros de Castro a avancé l'idée d'une anarchie ontologique, c'est-à-dire le fait d'imaginer le monde comme ayant de nombreux types de brèches ontologiques qui s'entrecroisent en permanence sans se recouper. Et dans un sens, je considère cette approche plutôt utile pour comprendre le genre de connaissances empiriques dont nous allons avoir besoin pour appréhender l'Anthropocène. L'Atlas féral juxtapose parfois des façons complètement différentes de connaître et d'habiter un monde peuplé par les créatures de l'Anthropocène.

Par exemple, nous avons le récit autobiographique d'une femme qui racontait combien les ormes occupaient une place importante dans son enfance au Royaume-Uni. Ils définissaient les limites et le contour des terres agricoles de sa famille, et créaient également un sentiment d'appartenance. Puis au début du xxe siècle arriva la graphiose qui les obligea à tuer et brûler tous leurs ormes. Cela a vraiment affecté la perception qu'elle avait d'elle-même. Et donc, nous juxtaposons ce récit avec un article scientifique rédigé par un naturaliste, un phytopathologiste qui étudie comment cette souche incroyablement virulente de la graphiose de l'orme, qui est arrivée et a tué tous les ormes du Royaume-Uni, est apparue, en partie à cause des pratiques d'hybridation utilisées par les pépinières commerciales à cette époque.

Ici, cette concentration de pépinières dans quelques lieux seulement représente l'infrastructure industrielle – ce qui a créé et permis l'émergence de tant de nouvelles maladies pour les plantes, qui se sont ensuite répandues dans d'autres endroits du monde. On présente alors ces deux perspectives sur la graphiose de l'orme, côte à côte, sans chercher à les faire dialoguer directement. De cette façon, nous pouvons peut-être voir comment la confrontation de différents types d'immersions, de connaissances et de façons d'être peuvent nous aider à comprendre ce dont l'Anthropocène retourne.

Une des choses formidables dans ce projet est qu'il réunit des spécialistes des sciences naturelles, des universitaires des lettres et des sciences humaines, des artistes, etc. Je suis sûr que vous connaissez les tensions propres aux travaux transdisciplinaires. Pourriez-vous nous parler de votre expérience de ces projets où vous réunissez des gens aux profils variés ?

Oui, eh bien, pour commencer, je pourrais vous dire que la première remarque émise par certains des contributeurs de l'Atlas féral était : « Merci d'envoyer un exemple, un modèle. » Nous avons fait très attention car nous voulions que les naturalistes écrivent comme des naturalistes, et que les artistes ne se contentent pas d'illustrer la science, mais apportent plutôt leur propre vision au projet, leur façon singulière de comprendre les choses. Nous ne voulions en aucun cas rendre tous les items homogènes, puisque la juxtaposition épistémologique et ontologique est au cœur de l'Atlas féral… et de l'approche éducative scientifique de l'Anthropocène, je pense.

Autrement dit, il nous faut élargir ce que le terme d'« histoire naturelle » a signifié jusqu'à présent. On la perçoit trop souvent comme une pratique européenne et coloniale supposant d'aller conquérir le reste du monde, si bien que le terme n'a plus que des connotations de conquête. Pourtant, si vous imaginez l'histoire naturelle comme la relation vernaculaire de chacun au monde naturel qui l'entoure, et à toutes les choses que nous pouvons observer autour de nous, auxquelles nous pourrions prêter attention, alors il existe vraiment de nombreuses sortes d'histoire naturelle. Et bien que ces versions d'histoires naturelles impliquent des modalités de savoir différentes, cela ne signifie pas qu'elles ne sont pas empiriques. Je crois que pour mieux comprendre l'Anthropocène, nous allons avoir besoin de toutes ces différentes sortes d'histoire naturelle. Aussi commencer en fixant des règles et en affirmant que nous n'accepterons que les travaux respectant ces règles signifie perdre la possibilité d'accéder à un très grand nombre de types de connaissances, qui sont importants pour notre compréhension du monde. Je serais vraiment ravie si de nouveaux genres de programmes de recherche pouvaient voir le jour grâce à la forme d'imagination qu'essaie de proposer l'Atlas féral ! Des projets qui commencent à mêler différentes façons de penser, les méthodes et compétences des naturalistes d'une part, et celles des experts en sciences sociales, des littéraires, des artistes d'autre part. Et j'espère vraiment que ce cloisonnement disciplinaire en silos ne nous condamne pas à la ségrégation, mais qu'à la place, en prenant leur intégrité comme point de départ, nous pourrions à l'avenir voir des projets variés, qui feraient appel aux talents de tous domaines.

Une des choses qui semblent avérées au sujet de notre époque est qu'il est impossible de vivre hors de systèmes comme le capitalisme ou les infrastructures humaines. J'ai le sentiment que, tout comme votre livre *Le Champignon de la fin du monde*, l'Atlas féral démontre la nécessité de trouver de nouvelles formes de collectivité au milieu des ruines des infrastructures humaines et du capitalisme.

À mon sens, l'une des raisons de se concentrer sur ces infrastructures humaines est que nous voudrions ancrer notre compréhension de ce qui est en train de se produire dans l'observation d'entités spécifiques, plutôt que de regarder l'Anthropocène comme une situation planétaire ou abstraite. Par exemple, s'il s'agit d'un chemin de fer, qu'il s'étend sur une assez grande distance, et que l'on peut voir qu'il a créé certains effets, alors cela devrait donner matière à réfléchir la prochaine fois que quelqu'un voudra construire un chemin de fer de la même façon !

La vanité de la modernité, et ce depuis le milieu du XIXe siècle au moins, consiste en partie à prétendre qu'il n'y a rien à regretter. Que construire toutes ces choses ne mène qu'à un monde meilleur, et qu'il n'y a pas à prêter attention à ce qui se produit autour de nous, peu importe ce que peuvent engendrer les choses que nous avons construites. Si bien que des infrastructures sont conçues, construites, installées sans précaution. Ce n'est pas que les gens ignoraient qu'en installant un réacteur nucléaire, des radiations seraient émises et infiltreraient le métabolisme des plantes et des animaux, humains inclus. Tout le monde le savait. Mais ils se sont dit, on s'en fiche, c'est une idée géniale ! Les ingénieurs vont concrétiser ça, c'est une chose formidable ! Regardez, ouah, on peut mettre des chips de maïs dans des sachets ! Personne ne s'est dit OK, mais où ce plastique va-t-il se retrouver et combien de mammifères marins va-t-il tuer au passage ? C'est ce genre de problèmes qui n'a pas été pris en compte. Selon moi, un des rôles vraiment importants de l'éducation scientifique dans l'Anthropocène est de faire réfléchir les gens au sujet de ces projets infrastructurels auxquels nous participons tous au quotidien. On pourrait se passer de beaucoup d'entre eux. Je ne vois rien qui explique qu'on autorise la production de polystyrène, mais sa durée de vie est quasiment infinie. Donc j'espère que les étudiants que les enseignants scientifiques influencent, que nous influençons tous en tant qu'enseignants, seront capables de réfléchir à ces choix infrastructurels et de dire : « Vous savez, on pourrait faire ça de façon plus réfléchie et précautionneuse… ou même, peut-être, ne pas le faire du tout. »

Je voudrais m'attarder un instant sur le concept de perturbation (*disturbance*) dans votre travail en général. Si l'Anthropocène implique d'apprendre à vivre avec ces perturbations, à quoi ressemblerait une éthique de la perturbation ?

Ah, vous avez mis le doigt, je pense, sur une grande question éthique, qui est : avec quels types de perturbations causées par les humains acceptons-nous de vivre ? Et lesquels refusons-nous ? Et je pense que c'est là que le terme « Anthropocène » peut nous aider. Un de mes collègues, Zachary Caple, a introduit l'expression « fragments d'Holocène ». Il a vraiment spatialisé ce qui constitue l'Holocène et ce qui constitue l'Anthropocène. Il utilise le terme « Holocène » – période qui, comme vous le savez, remonte à moins de douze mille ans seulement – en ayant à l'esprit que les humains faisaient déjà partie intégrante de l'Holocène. L'agriculture faisait partie de l'Holocène, tout comme les échanges et les déplacements humains ; ce qu'il reste de l'Holocène existe encore sous forme de fragments. Je suis désolée, je ne raconte pas ça dans l'ordre qu'il faudrait…

En gros, un fragment d'Holocène est un espace écologique dans lequel continuent d'exister diverses formes de symbioses et de complémentarités, ayant souvent pour fondement une morale ou une moralité écologique. L'exemple que donne Caple est le maquis de Floride, où une certaine espèce d'oiseau se nourrit d'une certaine espèce de gland poussant sur une certaine espèce de chêne. Et c'est ce genre d'arrangements particuliers sur le long terme entre les oiseaux et les arbres qui a permis au maquis de se former ! Dès lors il compare ces fragments d'Holocène à des paysages de l'Anthropocène, à l'instar de la perturbation écologique causée par une mine de phosphore en Floride, et des tentatives de la cacher... en se contentant par exemple de dérouler des rouleaux de gazon pour couvrir le paysage argileux aride créé par la mine ! C'est ce que Caple appelle un paysage de l'Anthropocène, et dans son ouvrage il décrit admirablement une zone où vous avez une longue portion de clôture, avec d'un côté la forêt du maquis, et de l'autre ce gazon déroulé par rouleaux ! Dans un sens, ce sont deux formes de nature. Puisque vous avez posé la question de l'éthique, il faudrait que nous puissions distinguer ces deux types d'environnements naturels qui nous entourent. Préserver ces fragments d'Holocène que nous avons déjà est un engagement éthique majeur qu'il nous faudrait peut-être prendre, au moment où de plus en plus de paysages deviennent inhabitables ; pas seulement pour les humains, mais pour tous nos compagnons vivants non humains aussi.

Donc je crois que vous avez raison : réussir à distinguer les perturbations qui sont les plus propices à des formes de développement représente un défi éthique. Peut-être alors est-ce le bon moment pour se tourner vers le féral, en ce sens où nous devons nous harmoniser avec la réponse non humaine qui est faite à la manière dont les humains vivent. De nouveau, c'est lorsqu'un champ est rendu à la forêt : les arbres poussent et reprennent un environnement très spécifique, créé par l'humain. C'est ça le féral – et il est absolument nécessaire aux mondes dans lesquels nous vivons. Nous ne pouvons pas nous en passer. Et pourtant, dans le même temps, nous devons apprendre que certaines formes de féralité ne sont pas acceptables.

Dans vos travaux précédents vous examiniez comment le capitalisme opère par le biais de chaînes d'approvisionnement complexes et posiez la question de savoir quelles autres formes de vie sont encore possibles malgré ces exploitations. Estimez-vous que la résistance à la marchandisation de la vie implique une opposition aux piliers sacrés du capitalisme, tels que la variabilité d'échelle (*scalability*) ou la propriété privée comme base du droit ? Ou s'agit-il de montrer que la situation a sérieusement déraillé bien plus tôt dans l'histoire ? Disons, avec l'avènement du colonialisme. Y a-t-il également des distorsions temporelles, ainsi que spatiales, sur lesquelles vous vous penchez dans l'Atlas féral ?

Eh bien, évidemment, quelques questions temporelles parcourent l'Atlas féral. Donc en guise de réponse je peux vous décrire les quatre détonateurs de l'Anthropocène, ou les conjonctures historiques qui ont façonné les infrastructures humaines et qui donnent de la profondeur au projet de l'Atlas féral. Le premier détonateur est l'« Invasion ». Par conséquent, nous commençons avec l'invasion du Nouveau Monde par les Européens, les meurtres et déplacements qui eurent lieu, et la profanation des écologies natives et des peuples natifs qui allait de pair avec ces déplacements. Et nous ne disons pas que ça s'est produit uniquement il y a cinq cents ans, parce que ce n'est toujours pas terminé à l'heure actuelle. Non seulement parce que des peuples autochtones sont encore déplacés, comme en Australie par exemple, mais également parce que le colonialisme, en tant qu'ensemble d'institutions, de pratiques transformant le monde, et d'idées, continue de régner. Par exemple, l'un des items de l'Atlas féral s'intéresse aux herbes de pâturage qui ont été importées en Amazonie afin délibérément d'empêcher la forêt de repousser. Encore une fois, voici le féral en action ! La forêt ne peut pas repousser quand ces herbes de pâturage très agressives sont implantées, et l'auteur de l'article raconte que les gens les avaient perçues comme une forme d'invasion. Certaines personnes désiraient cette invasion, la conquête de l'Amazonie par la prairie, pour que les gens qui y vivent et les écologies spécifiques à l'endroit disparaissent. Donc, le premier détonateur de l'Anthropocène est l'Invasion.

Notre deuxième détonateur est l'« Empire », et nous commençons avec les Européens, avant de passer à l'Asie ; nous abordons des sujets comme le commerce triangulaire qui envoya des Africains kidnappés, prisonniers, travailler dans des plantations du Nouveau Monde. Nous mettons l'accent sur le fait qu'il y a de nombreuses formes de conquête impériale. Donc, outre l'invasion, la gouvernance de populations depuis l'étranger créa d'énormes programmes infrastructurels, comprenant la gestion de l'eau, l'agriculture de plantation, et toutes sortes de façons d'acheminer les ressources vers les villes de l'Empire. Et tout ça constitue encore notre présent. Une partie de ce qui s'est passé depuis la Seconde Guerre mondiale et la décolonisation partielle des pays du Sud global est liée au fait que ces projets infrastructurels impérialistes ont été utilisés par les élites nationales partout dans le monde, pour perpétuer les mêmes systèmes de gestion de l'eau et d'agriculture de plantation créés depuis longtemps. Ce qui enracina encore plus le mode de gouvernance impérialiste.

Notre troisième détonateur est le « Capital ». Pour celui-ci, nous commençons au XIXe siècle avec l'interconnexion entre des choses comme l'agriculture de plantation, pour laquelle l'esclavage joua un rôle déterminant, et le développement industriel en plein essor en métropole... Et donc, somme toute, comment la combinaison de ces choses crée tout cet univers du capital, dans lequel la rationalisation des ressources et des marchandises se propage dans le monde entier.

Notre quatrième détonateur est appelé l'« Accélération », en référence à la grande accélération qui a eu lieu après la Seconde Guerre mondiale, au moment où l'Invasion, l'Empire et le Capital sont portés à de nouveaux sommets. Ceci en partie parce qu'ils s'étaient répandus dans le monde entier d'une façon nouvelle, de telle manière que toutes formes de programmes de construction d'infrastructures, aussi destructeurs fussent-ils, étaient présentées comme ouvrant la voie à une vie meilleure. Ils étaient également promus sur l'idée, complètement fausse, que tous leurs déchets pouvaient être envoyés ailleurs. Et bien évidemment, grâce aux programmes impériaux de grande ampleur existaient ces endroits, ailleurs, où cacher ces déchets. Mais maintenant, cet ailleurs est partout. D'autre part, le genre de déchets qui furent inventés pendant la première moitié du xxe siècle, de la radioactivité au plastique, s'est avéré bien plus durable et beaucoup moins recyclable que ce qui se faisait auparavant. Un nouveau genre de paysages a été créé par ces déchets non jetables, et chacun d'eux participe à un paysage d'injustice et de maltraitance qui ne cesse de s'assombrir.

Je crois que ma plus grande peur au sujet de l'Anthropocène est que le fossé entre la super élite et les défavorisés continue de grandir. Tandis que l'élite cherche des moyens de se protéger des toxines, des détritus et de la mort qu'elle a déversés sur le reste du monde, se densifient la pauvreté, les inégalités et le dénuement.

Traduit de l'anglais par Sonia Baudry et relu par Laurent Vannini.

Cet entretien a été réalisé par Jesse Bazzul. Il est extrait du livre Reimagining Science Education in the Anthropocene, *édité par Maria F. G. Wallace, Jesse Bazzul, Marc Higgins, Sara Tolbert (Palgrave Macmillan, décembre 2022).*

La mort d'un soldat dans la guerre en Ukraine racontée par sa sœur

Olesya Khromeychuk

La guerre – en Ukraine – ne se livre pas seulement sur le front : elle s'insinue dans tous les foyers. En raison des destructions, bien sûr, mais plus viscéralement, par l'angoisse des familles restées à l'arrière pour leurs proches partis au combat. L'écrivaine Olesya Khromeychuk raconte cette attente inquiète, et le choc ressenti lorsqu'elle a finalement appris la mort de son frère.

Pendant des mois, ma page Facebook a fait la publicité de sites de rencontres, de vêtements de maternité, de représentations théâtrales et de bottes militaires. Taille 42.

Les algorithmes ont dû penser que j'étais une femme célibataire en âge de procréer, qui aimait le théâtre et les tenues de l'armée. Ils ont aussi dû penser que j'avais de grands pieds.

Mais Facebook ne pouvait pas savoir. Après tout, j'avais passé des jours à consulter des sites de surplus de l'armée, à la recherche des bottes militaires parfaites : légères, imperméables, noires et de taille 42. Mais la taille 42 était difficile à trouver et rien d'autre ne convenait. Les bottes de police n'étaient pas imperméables et la paire de bottes de l'armée que j'avais trouvée dans la bonne taille et la bonne couleur était lourde. La dernière chose qu'on a envie de porter pour traverser les champs de terre noire de l'Ukraine orientale, ce sont des bottes qui pèsent une tonne avant même que la boue ne s'y accumule.

Voyez-vous, ces bottes étaient destinées à mon frère Volodymyr Pavliv, dit Volodya, un soldat récemment recruté par les forces armées ukrainiennes. Et, impuissante à assurer sa sécurité par d'autres moyens, je voulais faire tout ce que je pouvais pour qu'il ait tout ce dont il avait besoin pour son séjour au front.

Cette recherche ne date cependant pas de cette année ; elle remonte à sept ans.

Les gens oublient que la guerre de la Russie contre l'Ukraine n'a pas commencé il y a six mois, le 24 février 2022. Elle a commencé en 2014 avec l'occupation de la Crimée et de certaines parties du Donbas, une invasion qui avait déjà fait des ravages avant de s'intensifier.

Bien que je vive à Londres depuis vingt-deux ans, l'Ukraine est mon pays d'origine. J'ai grandi dans la ville de Lviv avec mes parents et mes deux frères aînés.

Il y avait neuf ans de différence entre Volodya et moi, et lorsque j'étais enfant, je l'idolâtrais. J'avais l'habitude de dire que si j'épousais quelqu'un un jour, ce serait quelqu'un comme Volodya. Plus tard, j'ai décidé que je ne voulais pas me marier avec quelqu'un comme lui, mais que je voulais devenir quelqu'un comme lui : intelligent, obstiné, sûr de lui.

À l'âge adulte, notre relation était parfois difficile. Nos vies ont pris des chemins différents, et c'était un homme complexe avec lequel il n'était pas toujours facile de s'entendre. Mais il n'a jamais cessé d'être mon grand frère et je l'adorais toujours.

J'ai déménagé au Royaume-Uni quand j'avais 16 ans. La situation économique était si difficile en Ukraine dans les années 1990 que nous n'arrivions pas à joindre les deux bouts, alors nous avons émigré. Mes parents, mon autre frère, Yura, et moi nous sommes installés à Londres.

Volodya est allé aux Pays-Bas, puis a décidé qu'il préférait rentrer chez lui. Onze ans après être parti, il est retourné en Ukraine.

Sur le plan professionnel, nos vies étaient également très différentes. Il passait d'un emploi à l'autre – penseur et artiste brillant, il avait du mal à se fixer – tandis que ma vie d'adulte s'est déroulée dans le monde universitaire.

Depuis la fin de mon doctorat, je suis historienne spécialisée dans l'étude des guerres, et plus particulièrement de l'impact de la Seconde Guerre mondiale sur les femmes et le déplacement des populations. J'ai enseigné dans des institutions telles que Cambridge et l'Université catholique de Louvain, et je dirige l'Institut ukrainien de Londres.

Inévitablement, mes recherches m'amènent souvent à plonger dans le pire de l'humanité. Mais si je n'ai jamais été imperméable à la violence, jusqu'en 2014, ce n'était encore qu'un travail.

Puis tout a changé. Les mots si familiers de mon travail universitaire – bombardements, pertes, crimes de guerre – étaient utilisés pour parler de mon pays d'origine.

Par-dessus tout, je redoutais un appel de Volodya pour m'annoncer que son avis de conscription était arrivé. Il avait 40 ans à l'époque, à la limite de l'âge de la conscription, et il avait fait son service militaire dans sa jeunesse, j'étais donc sûre qu'il serait parmi les premiers à être mobilisés.

Étonnamment, il ne l'a pas été. Au contraire, un an après le début de la guerre, il m'a téléphoné pour me dire qu'il s'était engagé volontairement. Impossible de le dissuader et, bien qu'il n'ait jamais expliqué sa décision, je pense qu'il était motivé par la culpabilité de voir d'autres personnes, plus jeunes que lui, mourir sur le front ou revenir blessées.

Lorsque mon frère est parti à la guerre, la guerre est entrée dans mon foyer. Jusqu'alors, j'avais refusé de donner de l'argent aux organisations caritatives qui collectaient des dons pour l'armée ukrainienne. J'estimais que l'État devait veiller à ce que les soldats disposent des provisions nécessaires, et que tant que les volontaires continueraient à combler le manque de provisions, rien ne les inciterait à changer. J'avais peut-être raison sur le principe, mais une fois que mon frère s'est engagé, mes actions n'ont plus été celles d'une universitaire éclairée. Désormais, elles étaient motivées par les craintes d'une sœur.

J'ai acheté un grand sac kaki et j'ai commencé à le remplir de toutes les choses que l'armée ukrainienne ne donnait pas à ses soldats à l'époque : un uniforme militaire complet, deux casquettes, des chaussettes, des T-shirts, une combinaison imperméable légère, une veste et un pantalon légers, une doublure de casque, un sac de bivouac, un poncho de l'armée britannique, des fournitures médicales, des comprimés pour purifier l'eau, des paquets de nourriture déshydratée, et beaucoup de chocolats et de galettes. Mais les bottes restaient introuvables. Après des heures passées sur Internet, je commençais à désespérer.

Et puis, soudain, les voilà : une paire de bottes Gore-Tex Pro Combat de l'armée britannique. Taille 42. Je n'en croyais pas mes yeux. En prime de tous mes efforts, elles n'étaient pas « de seconde main », comme la plupart de celles que j'avais vues. Mon frère aurait des bottes toutes neuves ! Avant de les mettre dans le sac, je leur ai donné un coup de cirage, les ai caressées doucement et leur ai murmuré « bonne chance ». Lorsque j'ai revu ces bottes taille 42, ce fut dans des circonstances très différentes.

Pendant deux ans, alors que Volodya servait dans l'armée, nous avons dû apprendre à vivre avec l'angoisse constante de ce qui pourrait lui arriver. Il n'était pas toujours facile d'obtenir des nouvelles de lui. Volodya n'était pas très doué pour répondre aux messages (bien que j'aie découvert plus tard qu'il m'avait répondu plus souvent que je ne le pensais, mais que les messages ne m'étaient jamais parvenus).

Puis, un jour de 2017, j'ai reçu un message Facebook de quelqu'un que je ne connaissais pas, disant : « Pardonnez ma question étrange mais nous recherchons cette personne vivant au Royaume-Uni » – suivi du nom et des coordonnées de ma mère – « Avez-vous un lien de parenté avec elle ? » C'était un samedi matin ensoleillé et j'étais dans le métro de Londres, en route pour rejoindre une amie dans un parc. Dès que je l'ai lu, j'ai su qu'une de ces choses auxquelles j'avais essayé de ne pas penser était arrivée.

Mais je ne savais pas exactement laquelle. Une blessure grave ? Une capture ? Bizarrement, je n'ai pas vraiment pensé à la mort. Lorsque le métro s'arrêtait dans les stations et que la connexion wi-fi réapparaissait, je recevais d'autres messages similaires : « Bonjour. Je suis de l'unité militaire où sert votre frère. » « Sert », au présent. Il doit donc être encore en vie. J'ai essayé de me calmer. J'ai sauté du train et couru dehors, là où il y avait du réseau téléphonique, pour appeler ma mère. Je ne voulais pas la choquer, alors j'ai commencé par dire : « Ce n'est peut-être rien, mais ça a l'air grave… » Mais ma mère m'a interrompue : « J'ai reçu un appel d'un commandant. Notre Volodya a été tué sur la ligne de front. » Elle était si calme. Ma première réaction a été un étrange sentiment de soulagement : il n'avait donc pas été capturé après tout.

Presque immédiatement, le soulagement a été remplacé par le sentiment glaçant de la réalité. Dans les films, lorsqu'ils montrent quelqu'un qui reçoit une mauvaise nouvelle, la caméra tourne pour vous aider à imaginer la perplexité de la personne. Ce n'était pas comme ça. Rien ne tournait. Au contraire, j'avais l'esprit complètement clair : j'ai dit à ma mère que j'arrivais, j'ai vérifié les horaires du prochain train pour sa gare, j'ai décidé qui je devais appeler et dans quel ordre. J'ai envoyé un SMS à mon amie pour lui dire que je n'allais pas au parc et j'ai commencé à réfléchir à la façon dont je pourrais me rendre rapidement à Lviv, où le corps de mon frère était rapatrié.

Ce n'est que lorsque je suis montée dans le train en direction de chez ma mère et que j'ai téléphoné à mon père que j'ai craqué. Je devais prononcer les mots que ma mère venait de me dire : « Notre Volodya a été tué sur le front. »

Mais je ne pouvais pas le faire calmement, comme elle l'avait fait. La nature de la guerre au XXIe siècle est telle que les proches peuvent apprendre la mort de ceux qu'ils aiment en quelques jours, voire en quelques heures, quitte à apprendre la terrible nouvelle *via* les réseaux sociaux.

Au moment où je suis entrée dans l'appartement de ma mère, le commandant a envoyé les photos du corps de mon frère sur son téléphone (avec sa permission). Elles montraient Volodya allongé sur le sol boueux, la tête bandée avec un tissu blanc et du sang suintant d'un côté. Maman et moi les avons regardées ensemble, d'abord en silence, puis en sanglotant. Doucement. C'était comme un mauvais rêve dont je n'arrivais pas à me réveiller, et j'ai réalisé à quel point je n'étais pas préparée à cet événement que j'attendais au fond de moi depuis près de deux ans.

Lorsque nous sommes arrivés à Lviv, l'une des choses que je redoutais le plus était d'aller à la morgue. J'avais lu le rapport médical – « Fracture du crâne causée par un éclat d'obus. Écrasement du cerveau » – et j'avais peur de ce que je pourrais voir. En fait, Volodya avait l'air d'être endormi.

Il y avait une toute petite blessure au-dessus de sa tempe droite. La grande cicatrice à l'arrière de sa tête était soigneusement recouverte par l'oreiller, de sorte que nous pouvions à peine la voir. Son uniforme était propre et neuf. Je me suis demandé qui était chargé de mettre ces nouveaux uniformes aux soldats morts avant qu'ils ne soient remis à leurs familles.

J'ai alors remarqué que les bottes qu'il portait étaient toutes neuves – pas celles que j'avais achetées – et j'ai pensé que c'était une honte que des bottes neuves aillent dans un cercueil alors que tant de soldats en avaient besoin au front. J'ai tenu sa main. J'ai caressé son visage. Je voulais embrasser son front, mais je craignais qu'il n'aime pas ça. Il n'a jamais été du genre tactile, ou du moins c'est ce qu'il voulait que les gens pensent.

Je me suis souvenue des moments où il venait me chercher à l'école, ce qu'il détestait. Mais moi j'adorais ça, parce que les jours où j'étais avec mon grand frère, les garçons n'osaient jamais m'embêter. Je bavardais sur tout le chemin du retour. Il ne disait pas un mot. Je ne pense pas qu'il écoutait. Mais ça ne me dérangeait pas. Je lui ai pardonné de ne pas avoir écouté à l'époque. Je lui ai pardonné beaucoup d'autres choses, aussi. Pour avoir envoyé des messages cruels quand le syndrome de stress post-traumatique qu'il a développé au combat a eu raison de lui. Pour ne pas avoir envoyé de messages pendant des mois. Pour avoir rejoint l'armée de son plein gré. Pour s'être fait tuer. Je lui ai tout pardonné.

C'est mon amie Masha qui a proposé de récupérer ses affaires à l'armée. Le sac qui traînait sur le sol de sa cuisine à Kiev était le même que celui que j'avais posé sur le sol de ma propre cuisine deux ans plus tôt à Londres. Nous l'avons trié pour voir ce qui pouvait être envoyé à d'autres soldats sur le front. Je n'ai pas reconnu beaucoup d'objets, mais la doublure du casque était là. Celle-là même que j'avais achetée. Sauf que maintenant elle comportait un trou et plusieurs taches brunâtres.

Et puis je les ai vues : les bottes Gore-Tex Pro Combat de l'armée britannique. Taille 42. Elles étaient encore en très bon état, même si maintenant on les qualifierait de « seconde main ». Elles étaient couvertes de terre noire ukrainienne collante. Des larmes ont commencé à couler sur mes joues et sur les chaussures alors que je prenais un chiffon et commençais à les nettoyer, doucement, comme je l'avais fait à la maison. J'ai enlevé la boue des semelles, puis j'ai nettoyé le reste de chaque chaussure et je les ai fait briller. Puis je les ai caressées, comme je l'avais fait il y a deux ans, et je leur ai chuchoté : « Bonne chance ! Vous pouvez maintenant garder quelqu'un d'autre au sec et au chaud. »

Traduit de l'anglais par Agnès Botz.

Ces extraits choisis sont issus du livre The Death of a Soldier, Told by His Sister *d'Olesya Khromeychuk (Monoray, 2022) et ont été adaptés et publiés dans le* Daily Mail *le 31 août 2022.*

À l'âge des écrans, le regard est une ressource plus précieuse que le pétrole

Annie Le Brun

Métavers, NFT, omniprésence du numérique : nous subissons un déferlement incessant d'images. Plus précisément, analyse l'écrivaine Annie Le Brun, nous vivons désormais dans un monde d'images ne renvoyant plus qu'à elles-mêmes un monde qui, de plus en plus, se dématérialise. Cette hégémonie est une aliénation inédite, nouveau visage d'un capitalisme sans cesse en quête de nouveaux espaces à soumettre à la loi de la marchandise.

Qu'a engendré la rencontre du luxe avec l'art contemporain, les algorithmes et ce que vous appelez la dictature de la visibilité ?

Que nous le voulions ou non, rien n'existe plus désormais que ce qui est visible. C'est Internet qui a réussi à instaurer cette « dictature de la visibilité », dans laquelle une image existe moins par son contenu que par le nombre de fois qu'elle a été vue. D'autant que l'immatérialité de l'image numérique nous permet de refouler ce genre de matraquage. C'est une des raisons pour lesquelles, dans notre analyse de ce phénomène inédit *Ceci tuera cela*, Juri Armanda et moi parlons de *smart colonization* qui, à travers un constant déferlement d'images, donne l'illusion d'une liberté sans limites, alors que nous voilà pris au piège d'un système, où profit et surveillance se confondent pour aboutir à la marchandisation de tout. De ce point de vue, il est sûr que la collusion de l'art contemporain, des industries du luxe et des algorithmes, apparue dans les années 1990 avec la financiarisation de l'économie, a considérablement aidé à l'instauration de cette première dictature sans dictateur. En douterait-on quand, d'un pays à l'autre, les multinationales installent les mêmes franchises avec les mêmes produits, il en va pareillement d'un investissement culturel, multipliant dans le monde entier les mêmes expositions des mêmes artistes, pour amener chacun de nous à devenir le spectateur hébété de la violence de l'argent travaillant à liquider notre nuit sensible ? Mieux, à nous faire participer au grand spectacle de la transformation de l'art en marchandise et de la marchandise en art. À Paris, la plupart des expositions importantes sont liées à l'industrie du luxe, jusqu'aux thèmes abordés. Le capital, toujours en quête de nouveaux marchés, s'attaque de plus en plus à ce qui est censé n'avoir pas de prix. À commencer par la beauté, qui en est depuis toujours symbole et que les industries de la mode et du luxe n'en finissent plus de s'assujettir, à travers une « esthétisation du monde » devenue un des moteurs de sa marchandisation forcenée. Chaque aéroport, abritant le même conglomérat des marques les plus rentables, est un concentré exemplaire de cette entreprise de formatage esthétique.

Le luxe a longtemps visé les riches, il y avait une forme de redistribution. Désormais, il s'en prend aux pauvres, et plus seulement par les parfums et les cosmétiques.

C'est que, pour continuer de détruire, dénaturer, éradiquer ce qui n'a pas de prix, il faut en passer par cette falsification à flux tendus touchant les êtres et les choses, les lieux et les individus. L'industrie du tourisme comme la chirurgie esthétique participent de cette même cosmétisation du monde, qui en redouble l'enlaidissement. Des lèvres botoxées à la gentrification des villes, rien n'existe plus qu'à être ce qu'il n'a jamais été, nous apprenant à vivre d'ersatz pour nous accoutumer à l'ersatz de vie d'un présent sans présence. Si « ruissellement » il y a, il est dans cet enlaidissement général qui traverse nos sociétés de haut en bas, on n'achète plus les produits mais la valeur frauduleuse qui leur est attribuée par l'image. À cet égard, la publicité de L'Oréal : « Je le vaux bien » tient du génie, en ce qu'elle ne cesse de réitérer l'acceptation de ce à quoi vise le capital : l'intrusion de l'argent dans l'image de soi. Et l'escroquerie se répercute chez les plus pauvres, à travers le racket des influenceurs qui font fortune à vendre les images de faux marqueurs sociaux et béquilles identitaires. On pense, bien sûr, aux calamiteux sacs Vuitton, dont la laideur originale diffère à peine de celle un peu plus « cheap » de leurs innombrables copies, pareillement parties prenantes de la même pollution inédite indissociable de ce « luxe de masse ». La nouveauté est dans cet enlaidissement du monde à travers son esthétisation mensongère, à laquelle chacun est sommé d'obéir en fonction des différents *lifestyle* dont le capital ne cesse de nous harceler.

Avec le déploiement du métavers, cher à Zuckerberg, nous allons passer encore davantage de nos vies « dans » nos écrans, à peaufiner nos déclinaisons digitales, à habiller nos « avatars »... L'horreur absolue pour vous ?

Le projet est de délocaliser l'espace de nos vies de leur environnement organique vers l'artificialité d'une image construite de A à Z. Ce n'est en rien une façon naïve de fuir la nature polluée afin d'y gagner l'espace « pur » de l'image. Ce n'est pas non plus l'idée d'une maison « de rêve » dans laquelle nous pourrions vivre une vie parallèle idéale, mais une proposition sérieuse, reposant sur l'alliance déjà bien établie du capital et de la technologie pour générer un nouvel espace socio-économique. C'est ainsi que, ces jours-ci, le rappeur américain Snoop Dogg, en collaboration avec la plateforme *The Sandbox*, a lancé son propre métavers, et bien sûr, immédiatement après, quelqu'un a décidé d'acheter un terrain virtuel à côté de la maison virtuelle où vit la version virtuelle de Snoop Dogg. Le terrain a été vendu en NFT pour 450 000 dollars ! Malgré les apparences, on est loin du jeu du Monopoly ! Quand tout peut devenir image, et même l'espace dans lequel nous tentons de vivre, nous voici définitivement entrés dans le processus dystopique d'un monde-écran. Il faut se souvenir du *tracking pixel*, cette image numérique vide, qui ne sert qu'à la surveillance. Car, à l'opposé de cette image miniature interdite d'imagination, il y a maintenant le métavers qui, en tant que réalité virtuelle augmentée, est la promesse technologique que nous pouvons déplacer nos existences dans l'image de l'espace. Ce n'est plus la vie dans l'espace mais la vie dans l'image de l'espace. Mais quels en sont les avantages ? Au-delà de la fausse assurance de posséder finalement « l'espace personnalisé » que le capital ne cesse pourtant de nous vendre se pose une question : dans cette image de l'espace, que reste-t-il de l'air respirable qui, en raison de sa transparence, ne peut être soumis aux processus de la visualisation ? Étrange asphyxie programmée en train de devenir l'idéal de vie qui s'achète à prix d'or.

Dans votre livre *Ceci tuera cela*, vous évoquez l'acharnement des vedettes de l'art contemporain à s'en prendre à l'idée même d'original. Elles n'en sont pas moins pointilleuses sur le droit d'auteur. Que pensez-vous des NFT ?

Le récent avènement de « l'art numérique », consacré par cette même vente aux enchères d'une œuvre se réduisant – il faut y insister – à l'assemblage de cinq mille images interchangeables, est l'événement qui a établi la définitive équivalence de l'image et de l'argent. Son prix record pour un artiste vivant en dit long sur le sérieux de la chose, rendue possible grâce à la *blockchain*, nouvelle technologie d'authentification des cryptomonnaies et à l'origine des NFT.

C'est-à-dire ces « jetons non fongibles » qui sont, pour les objets numériques, l'équivalent de titres de propriété. Ce qui change tout. Car s'ensuit l'inverse de la thèse développée par Walter Benjamin en 1936, dans *L'Œuvre d'art à l'époque de sa reproductibilité technique*, selon laquelle la technologie détruit l'aura de l'œuvre d'art originale qu'elle reproduit. Aujourd'hui, c'est au contraire la technologie qui produit l'original, dans la mesure où, grâce à la transaction par NFT, assurée par la *blockchain*, n'importe quelle image numérisée peut être convertie en original. Véritable retournement, au cours duquel l'aura de l'original devient l'aura de l'argent. À cet égard, on peut mesurer quel a été le rôle pédagogique de l'art dit contemporain, quand, depuis des années, ses vedettes (de Kapoor à Banksy en passant par Damien Hirst) ont systématiquement travaillé à anéantir autant l'original lui-même que la notion de matérialité qui en était l'essence. Tel est le sens de la similidestruction de *La Petite Fille au ballon* à laquelle Banksy, le 5 octobre 2018, sur le lieu même de sa mise en vente, fait assister le monde entier, après qu'un mécanisme déchiqueteur installé dans le cadre du tableau a été déclenché avec le début des enchères. Immédiatement la scène devient virale. Et si les représentants de Sotheby's, comme les critiques d'art, déclarent aussitôt que, de ce fait, Banksy n'a pas détruit une œuvre mais en a créé une nouvelle, d'ailleurs acquise le double de l'estimation initiale, il est évident qu'il ne s'agit nullement de cela. Mais de la transformation d'une image d'avant la dictature de la visibilité en son fantôme désormais exclusivement défini par le nombre de ses visionnages. À commencer par ceux des trois millions de spectateurs qui se sont trouvés être les témoins-acteurs de ce dépeçage numérique de l'image, considéré comme le *nec plus ultra* de l'art contemporain. Il n'est en effet aucun des artistes en vue qui n'ait proposé *sa* dématérialisation de l'image, dont récemment celle de la banane de Cattelan qui, devenue aussitôt virale et vendue 120 000 euros avant même d'être dévorée, constitue un sommet. Je soulignerais enfin que chacun de ces « événements artistiques » est indissociable de ses conditions de vente, à ce point qu'il s'agirait même de sa seule et unique raison d'être, tel le rite célébrant l'asservissement de l'image à la toute-puissance de l'argent.

Les textes de Guy Debord décrivaient bien les années 1980-1990. Les trouvez-vous pertinents pour 2021 ?

À partir du moment où la technologie numérique a permis de distribuer l'image aussitôt produite, comme ce fut le cas avec les smartphones, celle-ci est immédiatement devenue la chose des algorithmes qui en a fait la proie du nombre, en même temps que l'agent du capital. Changement radical : désormais, l'image ne montre plus, elle se montre, pour faire de chacun de ses regardeurs à la fois un objet de profit et un objet de surveillance. En résulte une nouvelle économie du regard, devenue une énergie infiniment plus précieuse que le pétrole parce qu'infiniment renouvelable. Tel le ver à l'intérieur du fruit, le nombre s'est installé au cœur de l'image, jusqu'à y anéantir toute trace d'imagination en même temps que toute négativité. Nous ne vivons plus dans le « spectacle » défini par Debord en 1967, pas plus que dans le « spectaculaire intégré » qu'en 1988 il voyait résulter de la convergence du « spectaculaire concentré » des régimes autoritaires et du « spectaculaire diffus » de la société de consommation. Il n'y a même plus de spectacle, aujourd'hui que nous sommes assiégés par des milliards d'images nous livrant au contrôle grandissant qui s'en nourrit, autant grâce au regard sans yeux du *eye tracking* qu'à l'image invisible du *tracking pixel*. Nous sommes beaucoup plus près de la vision d'un Günther Anders qui, dès 1956, s'en prenant aux médias, annonçait que « le monde a disparu en tant que tel ».

Cet entretien a été réalisé par Bertrand Burgalat et publié dans Technikart *le 28 février 2022 avec pour titre original « Annie Le Brun : L'illusion d'une liberté sans limites… ».*

#MeToo : en Chine aussi

Sara Liao et Rose Luqiu

#MeToo n'est pas un phénomène occidental : en Chine aussi, depuis quatre ans, des voix s'élèvent pour dénoncer agressions et crimes sexuels systémiques. Face aux vagues de dénonciations, le pouvoir a fini par adopter des mesures. Mais cette prise en main, formelle, de la question par l'État s'est accompagnée d'un contrecoup : la neutralisation de plus en plus forte, dans les médias comme sur Internet, de la parole des femmes, analysent les dissidentes Sara Liao et Rose Luqiu.

Le 10 août, un tribunal de Pékin a rejeté l'appel de Zhou Xiaoxuan, qui avait accusé un présentateur-vedette de la télévision d'État de harcèlement sexuel. Cette affaire a été considérée comme une étape décisive pour le mouvement #MeToo en Chine, car elle a incité d'autres femmes à partager publiquement leurs propres histoires de harcèlement sexuel. Largement commentée sur Internet, elle a également déclenché des actions collectives hors ligne. Pour le premier procès de Zhou en 2021, des dizaines de femmes se sont rassemblées devant le palais de justice pour montrer leur soutien, et la police n'est pas intervenue.

Cependant, dans le même temps, les discussions autour de l'affaire ont été censurées sur les réseaux sociaux et seuls quelques médias ont été autorisés à fournir une brève histoire conforme à la ligne officielle, ce qui démontre l'inquiétude croissante concernant l'activisme en faveur des droits des femmes.

Le mouvement #MeToo, en Chine et ailleurs, a été essentiellement numérique, s'appuyant sur Internet et sur les réseaux sociaux comme plateformes et outils de mobilisation, pour faire entendre des voix alternatives et promouvoir la sensibilisation et l'engagement civique. L'un des effets durables de #MeToo en Chine a donc été d'ouvrir le débat dans la société sur la définition du harcèlement sexuel. Comme le débat public sur le harcèlement sexuel a eu tendance à couvrir un large éventail d'opinions et d'expériences personnelles, les termes et arguments juridiques servent de références précieuses pour savoir ce qui précisément préoccupe ceux qui y prennent part.

Si le « harcèlement sexuel » est mentionné dans la loi sur la protection des droits et des intérêts des femmes de la république populaire de Chine (devenue la loi sur la protection des femmes) entrée en vigueur en 2005, le terme n'y est pas clairement défini. Parmi plus de cinquante millions de verdicts de tribunaux accessibles au public entre 2010 et 2017, seuls trente-quatre portaient sur le harcèlement sexuel, dont deux seulement étaient intentés par des victimes poursuivant leurs harceleurs présumés – et ces deux affaires ont été rejetées en raison du manque de preuves. Des réglementations locales contre le harcèlement ont également été adoptées, mais elles n'ont pas été systématiquement appliquées et mises en œuvre.

Ce n'est que fin 2018 que la Cour populaire suprême de Chine a inscrit le harcèlement sexuel comme motif de poursuites civiles. Le 13 juillet 2019, le premier procès civil de ce type s'est soldé par une victoire partielle de la plaignante. Ce résultat est considéré comme révolutionnaire car il donne le ton pour les affaires civiles similaires à venir.

En 2020, un nouveau Code civil a déclaré : « Les départements du parti et du gouvernement, les entreprises, les écoles et les autres institutions doivent adopter des mesures appropriées pour prévenir et arrêter les comportements de harcèlement sexuel qui profitent du pouvoir ou de la position hiérarchique. » Et pendant sa période de consultation publique à la fin de 2021, le projet d'amendement de la loi sur la protection des femmes a défini des comportements et expressions spécifiques comme étant du harcèlement sexuel et a exigé que les écoles établissent des protocoles en vue de prévenir et stopper le harcèlement et les agressions sexuelles.

Pourtant, ces améliorations du processus d'élaboration des politiques et des procédures juridiques se sont faites au prix de la réduction au silence des citoyens qui ont cherché à se faire entendre dans ce débat. Si, depuis 2018, certaines allégations #MeToo se sont lentement frayé un chemin dans le système judiciaire, aucune n'a eu de résultats substantiels. L'intérêt des médias et du public pour ces affaires s'est avéré éphémère, en partie en raison des actions médiatiques menées par l'État pour faire taire le débat.

Dans l'enseignement supérieur, par exemple, aucune université n'a établi ou mis en œuvre un système de lutte contre le harcèlement, malgré les promesses faites en réponse à la déferlante #MeToo en 2018, alors que de nombreuses accusations de harcèlement sexuel étaient portées par des étudiantes contre certains de leurs professeurs. Le nouveau Code civil entré en vigueur en 2020 s'est révélé tout aussi inefficace pour pousser les universités à prendre des mesures proactives. Cela s'explique par le fait que l'autorité centrale qui traite les cas de harcèlement sexuel dans la plupart des universités est le conseil de discipline, une unité administrative commune aux organes gouvernementaux et aux institutions publiques en tant qu'extension de la Commission centrale d'inspection disciplinaire du Parti. La plupart des affaires ont été abordées sous l'angle de la moralité du comportement du membre du corps enseignant ou du personnel accusé, et la punition a généralement consisté en des pénalités administratives et des sanctions disciplinaires, telles que des avertissements, des blâmes, l'expulsion du Parti, la révocation des qualifications et des titres d'enseignement, et la rétrogradation.

Les autorités chinoises et les personnalités (masculines) puissantes ont la capacité d'exploiter les mêmes moyens numériques que ceux qui ont permis à #MeToo de contrer l'impact négatif des allégations en ligne, essentiellement en neutralisant les victimes de violences sexuelles. Pour en revenir à l'exemple de l'enseignement supérieur, notre étude a démontré que, si les médias numériques ont réduit les obstacles à l'action collective pour un certain nombre de causes, les militants doivent négocier avec diverses institutions étatiques et autorités en place pour faire avancer les campagnes contre le harcèlement sexuel. Par exemple, une université chinoise peut tirer parti de ses ressources et de son pouvoir pour influencer le contenu des réseaux sociaux. Si les médias, et en particulier les médias d'État, peuvent contourner les universités et couvrir les scandales sexuels qui leur sont associés, leurs hiérarchies administratives respectives peuvent exercer leur influence sur les contenus de leurs publications. En outre, les actions collectives hors ligne seraient réprimées encore plus rapidement pour empêcher la formation d'un mouvement populaire.

Le rétrécissement de l'espace numérique offert à la lutte contre le harcèlement sexuel en Chine reflète également l'hostilité croissante de la culture numérique envers les victimes et l'expansion de la manosphère misogyne. Même lorsque, ou surtout lorsque, l'opposition au harcèlement sexuel devient un discours hégémonique, la honte faite aux victimes, la chasse aux sorcières, le *trolling* et le *doxing* des victimes et des activistes prédominent. « L'antagonisme de genre », un nouveau terme utilisé par beaucoup pour décrire la tension que génèrent les discussions publiques sur les questions de genre, se manifeste par des débats enflammés entre les militants antiharcèlement sexuel et ceux qui placent la responsabilité du côté des victimes. Les disputes permanentes autour de la question « S'agit-il de harcèlement sexuel ? » démontrent la difficulté d'établir un lexique pour un problème social persistant et le manque de dispositifs permettant de faire appliquer la loi et de structures systémiques pour contrer le harcèlement sexuel malgré sa reconnaissance et les efforts répétés pour le prévenir.

L'affaire judiciaire de Zhou Xiaoxuan démontre les difficultés rencontrées pour lutter contre le harcèlement sexuel par les voies légales, mais aussi les obstacles à la promotion du changement social par un mouvement social. Toute forme d'activisme, qu'il soit en ligne ou hors ligne, a peu de place pour se développer ou s'étendre sous l'emprise serrée du pouvoir gouvernemental.

Traduit de l'anglais par Agnès Botz.

Cet article a été publié dans The Diplomat *en septembre 2022 sous le titre original « Four Years After #MeToo in China: Shrinking Digital Space for Change ».*

Avortement : mon enfance dérobée

Marylin Maeso

La remise en cause du droit à l'avortement aux États-Unis a suscité, d'un bout à l'autre du monde, l'indignation. Celle de la philosophe Marylin Maeso qui, réagissant au cas bouleversant d'une petite fille de 10 ans à qui on interdit d'avorter après un viol dans l'Ohio, revient sur l'agression qu'elle a elle-même subie enfant. Imaginant quel aurait été son sort si elle était tombée enceinte et n'avait pu mettre fin à la grossesse. Un pays qui l'aurait condamnée à devenir mère après avoir subi un crime est un pays indigne, où les femmes sont à disposition des hommes, s'insurge-t-elle.

À quoi ressemblait votre vie, quand vous aviez 10 ans ? J'étais en CM1. J'aimais le français plus que les mathématiques, et bavarder en classe plus que tout. J'avais deux lapins, et je voulais devenir vétérinaire. Je rêvais souvent que je survolais la ville comme un oiseau. Et les mauvaises nuits, j'imaginais mon ventre enfler sans que je puisse l'arrêter. Cette année-là, un vieil homme m'a violée. Ma mamie m'avait déjà expliqué comment les bébés sont fabriqués, et le gros ventre des femmes enceintes est devenu mon épée de Damoclès. Le mien, trop étroit, allait-il éclater comme un ballon ? Comment devient-on mère quand on a soi-même encore tant besoin de sa maman ?

Fort heureusement, mes règles n'étaient pas encore là, et le cauchemar ne s'est pas réalisé. Savoir, cependant, qu'il existe depuis 1975 une loi nommée « Veil » qui, si c'était arrivé, m'aurait donné les moyens de mettre fin au cauchemar en toute sécurité est, sinon un remède, du moins une consolation et une victoire. Je vis dans un pays où, vingt-trois ans avant qu'un violeur ne piétine mon humanité et dérobe mon enfance, les femmes étaient officiellement redevenues des êtres humains à part entière en gagnant le droit d'avorter. Le droit de ne pas avoir à risquer leur vie pour se libérer d'un rôle qu'elles ne veulent pas ou ne peuvent endosser. Le droit de ne pas voir leur corps subitement métamorphosé en un corps étranger, une couveuse que l'État s'approprie des mois durant en faisant fi du traumatisme ainsi infligé à celle qui doit céder son ventre pour qu'un être dont elle ne veut pas puisse s'y développer.

Ce droit fondamental, la Cour suprême des États-Unis l'a vendu pour complaire à l'obscurantisme religieux. Et l'Ohio vient de le dénier à une petite fille de 10 ans enceinte des suites d'un viol. « Oui [...]. C'est dommage que cela se produise, mais il y a une opportunité pour cette femme, peu importe son âge, de décider de ce qu'elle va faire pour aider cette vie à être un être humain productif », déclarait en avril dernier Jean Schmidt, représentante de l'Ohio, quand on lui demandait hypothétiquement si une victime de viol âgée de 13 ans devait être contrainte à subir cette grossesse. Pourquoi appeler « femme » une enfant de 10 ans ou une adolescente de 13 ans à l'instant où elle est fécondée ? Pour lui signifier que son corps est désormais la propriété de la société. Qu'elle est une citoyenne de seconde zone, puisqu'on lui refuse le droit à l'autodétermination dont jouissent inviolablement ses congénères masculins. Et que son existence est d'une valeur inférieure à la leur, puisqu'on peut la sacrifier au bénéfice d'un fœtus en gestation.

« Toute vie est sacrée », psalmodient, pour justifier l'interdiction de l'avortement, des gens qui, pour nombre d'entre eux, sont partisans de la peine de mort et de la détention d'armes en dépit des fusillades qui tuent aux États-Unis plusieurs milliers de personnes chaque année. L'hypocrisie est flagrante, mais ce qui en révèle la véritable nature, c'est le projet, annoncé par le juge à la Cour suprême Clarence Thomas, de revenir également sur le droit à la contraception. Cette prétendue croisade pour « la vie », qui se lave les mains du sang de celles qui mourront d'un avortement clandestin, d'un suicide ou sous les coups d'un conjoint voulant empêcher la grossesse, est le cache-sexe d'une lutte acharnée et millénaire pour le contrôle du corps des femmes. L'essence de la femme, et par là même son ultime raison d'être, est ainsi définie par la maternité. Son devoir est de produire les enfants nécessaires à la perpétuation de l'espèce et au bon fonctionnement de la société. En cela, l'idéologie pro-vie et la mentalité du prédateur ont en commun une même vision de la femme comme objet appropriable à des fins sexuelles ou reproductives. Dans une société où l'avortement est un crime, être une femme, c'est être à disposition. Dans un pays qui élève la liberté au rang de droit humain le plus sacré, l'abolition de ce droit est donc la négation de l'humanité des femmes, puisque leur liberté de choisir l'existence qu'elles veulent mener est toujours révocable.

Pour cette raison, garantir l'accès à l'avortement n'est pas seulement une nécessité vitale, c'est aussi un devoir politique dans un contexte où la domination phallocratique manipule si aisément des leviers démocratiques. Pour que la reconnaissance de l'humanité des femmes ne soit pas partielle, leurs droits de citoyennes ne doivent plus être conditionnels. Pas de liberté, ni d'égalité, sans droit à l'IVG.

Cet article a été publié dans L'Express *le 5 juillet 2022 sous le titre original « L'Ohio refuse l'avortement à une fillette de 10 ans : le texte puissant de Marylin Maeso ».*

Comment le néolibéralisme façonne toutes les dimensions de la vie

Wendy Brown

D'Orbán en Hongrie à Erdoğan en Turquie, en passant par Modi en Inde : notre époque est celle des noces du populisme autoritaire et du néolibéralisme, analyse Wendy Brown. L'alliance paraît contradictoire : les nationalistes ne s'opposent-ils pas à la mondialisation ? Pour la philosophe américaine, ils s'en accommodent en réalité très bien, et tirent profit de la compétition économique qui se substitue de plus en plus à la prise de décision collective, démocratique. Et le néolibéralisme, en retour, trouve dans ces États despotiques une garantie de stabilité qui lui permet de prospérer.

Les crises sociales, écologiques et politiques que nous traversons actuellement ont-elles fait apparaître plus clairement les éléments de la vie sociale qui ont été pleinement intégrés dans la logique du néolibéralisme, et ceux qui ne l'ont pas été ?

Nous savons que le néolibéralisme est lié au démantèlement de l'État social, à la déréglementation, à la privatisation, à la fiscalité régressive et à la suspicion à l'égard des biens publics en faveur d'activités entrepreneuriales, privatisées et à but lucratif. Cependant, il y a deux autres choses que je veux faire entrer dans le cadre.

Foucault, entre autres, nous a appris à considérer le néolibéralisme non pas comme un ensemble de politiques, mais plutôt comme une forme de raison gouvernementale. Il entend par là une forme de raison qui façonne notre conduite dans toutes les dimensions de la vie, de la scolarité à la santé, en passant par la réflexion sur les loisirs ou la retraite, jusqu'à la survie elle-même. Par exemple, comprenons-nous l'éducation comme un bien orienté vers la réalisation d'une démocratie ou comme un investissement qu'un individu réalise afin d'améliorer son capital humain ? En saisissant le néolibéralisme comme une forme de raison de gouverner, nous pouvons comprendre comment il oriente les individus en tant que sujets auto-investisseurs.

Mais le néolibéralisme remodèle également l'État et la société. L'une de ses caractéristiques essentielles en tant que forme de raison est sa conception de l'État comme facilitant ou soutenant l'économie. Le néolibéralisme est souvent considéré comme antiétatiste, mais il s'oppose en fait à l'État *régulateur*. L'État est constamment employé pour soutenir ou créer des marchés dans des domaines particuliers. C'est parfaitement légitime dans l'ordre néolibéral des choses. Mais c'est un État dé-démocratisé, plutôt qu'un État représentatif, un État où l'égalité politique entre les citoyens est organisée en institutions et pratiques par lesquelles nous nous gouvernons nous-mêmes. L'État est un gestionnaire de la vie économique et de ce que nous appelons souvent aujourd'hui la vie biopolitique.

Le néolibéralisme, comme l'a déclaré Margaret Thatcher (en paraphrasant Hayek), cherche à désintégrer la notion de société ou de social. La célèbre phrase de Thatcher est la suivante : « La société n'existe pas. Il y a des hommes et des femmes individuels et il y a des familles. » En d'autres termes, nous sommes réduits à des unités individuelles non liées ou connectées socialement, que ce soit en termes de responsabilité envers des associés ou de prise en compte des pouvoirs de la société (qu'il s'agisse des pouvoirs du capital ou des pouvoirs de la race, du genre et de la sexualité). Il n'y a que des individus, et notre liberté repose sur la possibilité de faire ce que nous voulons en tant qu'individus.

Il y a deux choses importantes à dire ici sur les changements plus récents. La première est la montée des formations et des régimes d'extrême droite, associés à des personnalités comme Donald Trump, Recep Tayyip Erdoğan, Narendra Modi, Viktor Orbán et Jair Bolsonaro. Nous les voyons également dans les mobilisations et les partis politiques à travers le Nord global et le Sud global, même lorsqu'ils ne se sont pas élevés au rang de régimes dirigeants. Ces formations populistes et nationalistes sont souvent comprises comme une réaction au néolibéralisme, car elles s'opposent à la mondialisation et au libre-échange et défendent l'ethnonationalisme. Elles se présentent comme opposées à l'idéal imaginé du néolibéralisme : la libre circulation absolue des biens, de la main-d'œuvre et des capitaux dans le monde.

Je souhaite contester cette affirmation. William Callison et Quinn Slobodian ont fait valoir à juste titre que c'est une terrible erreur de considérer ces régimes de droite comme ouvertement antinéolibéraux, par opposition à une forme de ce qu'ils appellent le « néolibéralisme mutant ». Dans *In the Ruins of Neoliberalism*, je soutiens que nous devons comprendre la force antidémocratique de ces régimes de droite. En tant que mobilisations politiques, ils sont très largement issus de la rationalité néolibérale. Ce qui les distingue du fascisme classique, c'est qu'ils sont autoritaires sur le plan politique et libertaires sur le plan civique et personnel.

J'appelle cela une forme de libéralisme autoritaire, ce qui est pour beaucoup de gens une contradiction dans les termes. Pourtant, je pense que nous devons les considérer comme une forme de libéralisme antidémocratique qui valorise les libertés individuelles et les droits presque sans limites, qu'il s'agisse du droit de refuser les obligations sanitaires, du droit d'acheter n'importe quel objet sans tenir compte de la façon dont il pille la terre, ou du droit de dire ce que vous voulez sans tenir compte de la violence et des dommages que cela peut causer. Nous avons cet héritage libertaire du néolibéralisme. Ces régimes de droite ont une foi absolue dans le capitalisme et un antisocialisme féroce, et ils souscrivent à un étatisme autoritaire hérité de l'attaque néolibérale contre la souveraineté populaire et l'État démocratique représentatif.

De toute évidence, la pandémie a remis en question les prémisses de ce que devraient être « l'État » et « l'économie » dans un ordre néolibéral. Partout, les États ont été sollicités, de droite comme de gauche, pour répondre à la pandémie, pour fournir des tests, des vaccins, etc. Même les antivax ne sont pas radicalement opposés à l'approvisionnement de l'État. La pandémie a donné lieu à un ensemble de contestations maladroites du néolibéralisme. Mais je ne pense pas qu'elle ait, de quelque manière que ce soit, achevé le néolibéralisme.

D'autre part, nous avons la montée des mouvements sociaux de gauche qui s'opposent très explicitement à la privatisation et à la dépolitisation néolibérales. Par exemple, lors des dernières élections au Chili, Gabriel Boric s'est présenté avec un programme antinéolibéral, et un référendum en 2020 a établi la nécessité d'une nouvelle Constitution dédiée à l'élimination de l'héritage néolibéral de l'ère Pinochet.

Dans *In the Ruins of Neoliberalism*, vous décrivez le néolibéralisme comme facilitant la création d'un pouvoir étatique antidémocratique par le haut et d'une culture politique antidémocratique par le bas. Comment ces deux processus se renforcent-ils mutuellement et quelles sont les contradictions qui existent entre eux ?

Je dirais que c'est une erreur de considérer le néolibéralisme comme responsable de tout ce que nous associons à la droite. Une analyse totalisante qui suggère que le néolibéralisme est au cœur de tous les problèmes sociaux ne va pas nous aider à réfléchir à nos difficultés actuelles, du changement climatique à la politique étrangère des États-Unis, en passant par la montée de la Chine, le soutien continu des États-Unis à l'occupation de la Palestine, etc.

Mais c'est aussi une erreur de ne pas comprendre la structure ou le cadre néolibéral d'un certain nombre de positions de droite aujourd'hui, ou de l'exclure complètement de notre compréhension, par exemple, de la façon dont, aux États-Unis, il est normal de rassembler les immigrants, d'utiliser la brutalité policière contre ceux qui ne sont pas blancs, d'utiliser la force de l'État de toutes sortes de façons pour nettoyer les villes et les quartiers, et de réglementer le corps des femmes. La question est de savoir comment cette caractéristique antidémocratique du néolibéralisme, tant au niveau de l'État que du citoyen, conditionne la structure et l'énergie de la droite.

Je trouve assez significatif qu'aujourd'hui, lorsque les journalistes discutent de la citoyenneté et du vote, ils utilisent le plus souvent le langage de l'électorat plutôt que celui de la citoyenneté. C'est le langage d'un électorat qu'il faut organiser, gérer, cibler, masser, créer et orienter, plutôt que d'éduquer. Je pense que la *dés*-éducation de la démocratie à ce moment crucial est essentielle pour comprendre comment la désintégration de la société se produit. Une fois que l'éducation n'a plus pour but de créer une démocratie éduquée mais plutôt un investissement individuel dans un revenu et un avenir, vous commencez à perdre la capacité d'éduquer les citoyens à la citoyenneté. Au lieu de cela, vous produisez la capacité du pouvoir – pouvoir économique, pouvoir politique, pouvoir technologique, pouvoir financier – à manipuler, gérer et organiser ceux qui sont considérés comme n'ayant pas la capacité d'être des citoyens. Nous agissons comme si le vote – le droit de vote et la légalité – était ce qui constitue la citoyenneté. Ce qui rend la citoyenneté significative dans un ordre démocratique, c'est d'être suffisamment réfléchi, délibérant et éduqué pour être capable de décider avec d'autres qui nous devrions être ensemble et ce que nous devrions faire.

Je dois ajouter qu'aujourd'hui nous parlons de néolibéralisme et de financiarisation sans les désarticuler. Il est devenu de plus en plus clair que même si le néolibéralisme était rejeté en bloc par des nations entières ou des parties du monde, non seulement en tant que politique économique mais aussi en tant que forme de raison gouvernante, nous aurions toujours affaire aux bêtes qu'il a déchaînées, notamment la déréglementation de l'argent et des banques. La financiarisation est tout autant un ordre de gouvernement qu'une forme néolibérale de la raison – un ordre qui n'a pas été anticipé par Hayek ou par l'un des architectes néolibéraux de la Société du Mont-Pèlerin. C'est quelque chose de distinct de notre époque. Il n'y a pas de meilleure discussion à ce sujet que *The Asset Economy* de Lisa Adkins, Melinda Cooper et Martijn Konings. Il s'agit de la meilleure introduction à la manière dont le capital financier structure désormais la politique, les inégalités et l'avenir du monde entier.

Dans quelle mesure la droite a-t-elle réussi à se tailler un espace autonome par rapport à la logique néolibérale dominante ? Est-elle toujours ancrée dans la même rationalité sociale du néolibéralisme, bien que dans un registre différent ?

Lorsque nous parlons de la droite et de la gauche aujourd'hui, il est incroyablement important pour nous de voir que les deux sont en total désarroi. On peut penser que la droite a un projet cohérent parce qu'elle se porte terriblement bien. Nous, à gauche, nous posons la question suivante : avec une base démographique en baisse et des idiots à ses marges, comment a-t-elle pu avoir autant de succès sur les leviers du pouvoir – pouvoir économique, pouvoir social, pouvoir politique ? Il ne peut s'agir uniquement de l'Église évangélique, car cela ne nous aide pas à expliquer d'autres cas comme la droite musulmane ou la droite hindoue – en d'autres termes, la montée de la droite au-delà des États-Unis. Et cela ne peut pas être seulement le néolibéralisme, parce que le néolibéralisme a craqué de tant de façons : la crise financière, la pandémie et les récessions continues ont mis en évidence le besoin évident de l'État.

Il est important de voir que non seulement la droite n'est pas cohérente, mais qu'il existe une incroyable oscillation entre l'investissement dans les canaux mondiaux du pouvoir, en particulier le pouvoir financier, et un nationalisme ardent. Trump a essayé de construire un nationalisme à partir du capital financier, en tant que promoteur immobilier qui a fait de la dette et de la faillite sa richesse. Alors, où en est la droite par rapport à la mondialisation et à la financiarisation ? Elle essaie d'avancer sur le projet de réaffirmation des intérêts nationaux et de jouer à la dure pour ces intérêts. En même temps, les meilleurs esprits de la droite essaient de rester attentifs à la manière dont fonctionnent la finance et les autres forces internationales et transnationales. Ils ne se font aucune illusion sur leur capacité à remettre le génie de la mondialisation dans sa bouteille. Le racisme, l'ethno-nationalisme pur et dur, est un moyen de mobiliser une base, mais les ploutocrates de droite naviguent entre un renouveau nationaliste de la politique de pouvoir sur la scène mondiale et une prise en compte de Davos comme l'avenir.

La « démocratie » – ou, d'ailleurs, des termes connexes tels que la souveraineté populaire, le socialisme ou le communisme – est-elle récupérable pour un projet politique émancipateur, ou sommes-nous arrivés au point où l'héritage de ces termes a été épuisé et où nous avons besoin d'un nouveau vocabulaire politique ?

Si nous abandonnons la démocratie, nous abandonnons l'aspiration à la démocratie – l'aspiration à nous gouverner nous-mêmes. La démocratie représente toujours la possibilité pour le peuple de se gouverner lui-même (même si ses diverses formes étouffent cette possibilité), plutôt que d'être gouverné par un autre, que ce soit par le colonialisme, la tyrannie, le despotisme ou la domination. Ce n'est pas non plus la même chose que d'être gouverné par ce dont rêvent les néolibéraux : les forces du marché et la morale traditionnelle – ces « ordres spontanés » qui ont leurs propres hiérarchies et formes de domination, mais qui, selon Hayek, nous laissent libres parce que nous ne sommes pas forcés d'y souscrire par l'État.

Je suis donc réticente à abandonner le langage de et la lutte pour la démocratie, mais je ne suis pas fétichiste au point de penser que ce mot doit être le mot-clé. Dans de nombreuses régions du monde, la démocratie est synonyme de l'hypocrisie de l'impérialisme, du racisme, de l'exploitation et de diverses formes de pillage du Nord. Je comprends pourquoi les jeunes l'accueillent avec un haussement d'épaules. Et mon attachement n'est pas à ce que nous appelons conventionnellement la démocratie constitutionnelle ou libérale, que je critique depuis très longtemps. Mais je pense que l'aspiration du peuple à se gouverner lui-même vaut la peine qu'on s'y accroche et qu'on continue à se battre pour elle.

Beaucoup de questions difficiles se posent : quel niveau ? Quel lieu ? Comment la démocratie peut-elle fonctionner dans un monde globalisé ? L'expérience de l'Union européenne montre à quel point il était vain de qualifier ce forum transnational de démocratique – il ne l'est pas. Même à l'échelle de l'État-nation, les limites sont énormes.

La démocratie fonctionne mieux dans les petits ordres face à face. Nous nous en apercevons lorsque nous nous asseyons dans une pièce, qu'il s'agisse d'une salle de classe, d'un espace de travail ou d'une coopérative collective, et que nous décidons ensemble de la manière dont nous prendrons les décisions et dont nous les respecterons. Telle était la conception de Rousseau. Cet ordre des choses peut-il, modestement, être étendu ou relié à d'autres formes démocratiques ? Pouvons-nous avoir de nombreuses capsules démocratiques reliées les unes aux autres qui nous laissent un contrôle honnête sur les conditions, les termes et les principes, et les règles que nous nous donnons – tout en tenant compte d'un monde véritablement globalisé ?

C'est terriblement important pour faire face à la crise climatique. Dans leur ouvrage intitulé *Climate Leviathan*, Geoff Mann et Joel Wainwright tentent d'exposer les différentes raisons pour lesquelles il est difficile de penser la démocratie dans le contexte du changement climatique. Les chances d'une réponse démocratique sont plutôt faibles. Mais certaines des réponses les plus intéressantes et prometteuses à la crise climatique se produisent au niveau local. Oui, nous avons besoin de normes transnationales et d'accords sérieux pour arrêter les émissions de carbone, pour laisser les combustibles fossiles dans le sol et pour trouver des sources d'énergies renouvelables vers lesquelles nous pouvons nous tourner et qui ne renouvellent pas le pillage du Sud. Mais nous avons également besoin de modes de vie durables auxquels les gens peuvent participer avec joie et enthousiasme, sans haines réactionnaires. Les nouveaux modèles pour ce genre de choses sont les plus petits endroits, comme le Costa Rica, ou certaines parties du Montana ou de la Californie, ou certaines parties des Caraïbes, qui luttent pour protéger leurs écosystèmes. Nous ne devons pas dire que la démocratie est incompatible avec des normes transnationales exécutoires pour les émissions. Mais la majeure partie du travail que nous devons faire sur la crise climatique se situe au-delà de cela.

Traduit de l'anglais par Agnès Botz.

Cet entretien a été réalisé par Rafael Khachaturian et publié dans Dissent *le 23 mars 2022 sous le titre « Rights without Bounds: An Interview with Wendy Brown ».*

Géo-ingénierie solaire : vers une union des nations ou leur division ?

Holly Jean Buck

Manipuler le climat pour nous sauver de la crise climatique : bonne ou mauvaise idée ? Sans trancher la question scientifique, la géographe américaine Holly Jean Buck souligne l'intérêt géopolitique de la géo-ingénierie : si la décarbonisation des économies risque de susciter de nombreux conflits et d'attiser les rivalités, la géo-ingénierie pourrait au contraire être un facteur de paix et de coopération. À condition d'être pilotée par une institution mondiale.

Un des aspects sous-estimés et terrifiants du changement climatique est que la situation serait encore pire si notre propre pollution de l'air n'était pas là pour nous rafraîchir.

Les aérosols de la pollution atmosphérique et des fumées assurent un effet de refroidissement temporaire, compensant de 0 à 0,8 °C la hausse des températures en surface, selon le dernier rapport du Groupe d'experts intergouvernemental sur l'évolution du climat (GIEC). Une autre étude évalue le refroidissement moyen autour de 1,3 °F. Du point de vue du système climatique, ce petit nombre a une grande importance.

Cela donne aux tentatives des gouvernements du monde entier pour nettoyer l'air des allures de « pacte avec le diable », pour citer les mots du climatologue James

Hansen. Alors que nous entreprenons ce chantier nécessaire qui occupera les dix à vingt prochaines années, nous devons aussi nous préparer à une accélération du réchauffement, puisque de manière concrète nous allons être confrontés à ces degrés sous-jacents. Hansen a prévenu que le taux de réchauffement pourrait doubler dans les vingt-cinq prochaines années.

Cela venant s'ajouter à ce qui est déjà une situation d'urgence climatique, il nous faut trouver des moyens pour vite refroidir l'environnement. L'abandon progressif mais rapide de la production de charbon, pétrole et gaz serait la meilleure décision. Mais les gouvernements sont en bonne voie pour augmenter leur production de combustibles fossiles[1]. Si nos dirigeants ne se détournent pas des carburants fossiles – et ce, dès maintenant –, nous pourrions bientôt avoir désespérément besoin de dispositifs qui puissent, urgemment, avoir un impact significatif sur le climat. Et la géo-ingénierie solaire est une de ces propositions aux effets rapides.

Imaginez une flotte d'avions conçus sur mesure, décollant tous les jours pour libérer leur lot de particules dans la stratosphère. Ces particules – des sulfates, de la calcite ou autre – refléteraient une partie des rayons solaires. Elles orbiteraient autour de la planète, en suspension dans les airs pendant environ un an. Tous les jours, à heure régulière, de nouvelles particules décolleraient – les anciennes dérivant, retombant – et auraient pour effet de refroidir la planète.

Le concept de modification du rayonnement solaire, et en particulier l'idée d'injecter des aérosols dans la stratosphère, provient en partie d'études scientifiques sur la façon dont les éruptions volcaniques ont rapidement refroidi la planète. Mais bien que l'effet soit rapide, il ne s'agirait pas

1. Anonyme, « Rapport 2021 sur l'écart entre le niveau de production d'énergies fossiles prévu par les États et le niveau de production compatible avec les objectifs de l'Accord de Paris », *Production Gap Report*, 2021 (consulté le 26 août 2022).

d'un projet de courte durée. Le programme devrait être maintenu pendant des décennies, voire des siècles – jusqu'à ce que le réchauffement climatique se stabilise et qu'assez de dioxyde de carbone ait pu être enlevé de l'atmosphère.

On comprend aisément que l'idée de réguler la lumière solaire arrivant sur Terre soit une perspective effrayante pour certains, blâmant cette attitude de l'Homme se prenant pour Dieu. Cette mesure est en effet drastique. Et les risques ne sont pas seulement écologiques mais aussi géopolitiques. Beaucoup d'analystes spécialisés en sécurité climatique estiment que ces injections stratosphériques d'aérosols représentent un « nouveau risque sécuritaire », et que la géo-ingénierie solaire constitue une menace émergente qu'il faut enrayer.

Conçue pour atténuer le changement climatique, la géo-ingénierie solaire pourrait entraîner des conflits armés, ou être utilisée comme une arme non conventionnelle, prévient un rapport récent sur la sécurité et le climat. Les analystes mettent en garde au sujet de potentiels « bras de fer » autour du climat, pouvant déclencher des opérations de « contre-géo-ingénierie » ou l'intervention de pays demandant des températures différentes. Les phénomènes météorologiques extrêmes seront perçus comme ayant été orchestrés et donneront lieu à une chasse aux coupables qui pourra pousser des individus ou des groupes entiers à chercher vengeance.

D'autres expertises suggèrent que la Chine serait prête à déployer un dispositif de géo-ingénierie de grande échelle, au risque de provoquer une réaction hostile de l'Inde. Ou que la géo-ingénierie solaire représenterait un instrument de sécurité nationale qui devrait être traité de la même façon que l'armement nucléaire, comme une « menace coercitive »... Ou que les populations pourraient opposer une violente résistance à ces techniques. Et ainsi de suite.

La géo-ingénierie solaire est considérée comme un danger tel qu'un groupe d'universitaires a adressé une lettre au magazine *Science* suggérant que des « recherches unilatérales et préventives » – comme si l'étude de quelque chose représentait une arme en soi – « risquaient d'exacerber les conflits internationaux et de saper les progrès vers l'avènement d'un système énergétique sans carburants fossiles ». Ils y avancent également que les recherches menées par les États-Unis « augmenteront probablement les risques de militarisation ou de financiarisation de cette intervention à l'échelle planétaire ».

Ces débats concernant la géo-ingénierie nous en disent plus sur les postulats et les positions épistémologiques des personnes y prenant part que sur ce qu'il se passerait réellement avec la gestion du rayonnement solaire, qui par de nombreux et importants aspects pourrait s'avérer un agent puissant de paix et de stabilité. Comment en sommes-nous arrivés au point où les responsables politiques et les élites académiques, les activistes et les grincheux d'Internet voient la géo-ingénierie solaire presque exclusivement sous le prisme de la menace ?

Tout d'abord, nous devrions prendre en considération ce que la science dit réellement des perspectives ouvertes par la géo-ingénierie solaire.

Les recherches en modélisation ont invariablement montré que la gestion du rayonnement solaire « pourrait compenser certains effets de l'augmentation » des gaz à effet de serre « sur le climat à l'échelle mondiale et régionale », d'après le GIEC. Les scientifiques ont découvert que la modification du rayonnement solaire – appellation technique de la géo-ingénierie solaire – pourrait sensiblement atténuer la hausse des températures. Elle a aussi le potentiel de réduire une kyrielle d'impacts négatifs : la fonte des glaces de l'océan Arctique et des glaciers ; le ralentissement de la circulation méridienne de retournement atlantique (AMOC), le courant océanique qui transporte les eaux chaudes vers le nord de l'Atlantique ; les variations des températures minimales et maximales et de pluviométrie ; et les changements dans la fréquence et l'intensité des cyclones tropicaux. Les études modélisées ont établi qu'elle pourrait être bénéfique en termes de rendement des cultures et que même un usage modéré de ces dispositifs pourrait réduire les dégâts physiques et économiques causés par le changement climatique.

En d'autres termes, certains des rapports établis entre conflits et climats qui inquiètent nos experts en sécurité – les inondations et les troubles politiques, les vagues de chaleur et la violence, la production agricole et l'instabilité – pourraient connaître une amélioration grâce à la modification du rayonnement solaire. Alors, la géo-ingénierie solaire pourrait-elle vraiment être un instrument de paix ?

Les gouvernements pourraient l'utiliser pour agir de manière anticipée, commencer les injections d'aérosols dans la stratosphère en prévention des conflits qui pourraient naître du changement climatique. Mais étant donné que la plupart des gouvernements semblent incapables de faire quoi que ce soit de manière anticipée – la gestion de la pandémie pour preuve n° 1 –, ce scénario de consolidation de la paix environnementale semble peu probable. Au lieu de cela, la géo-ingénierie solaire sera peut-être utilisée pour préserver la stabilité intérieure en période de crise, rassurer les populations anxieuses face aux migrations climatiques, aux conflits liés à l'eau, au maintien des systèmes agricoles, etc.

Un scénario alternatif donnerait un rôle à la géo-ingénierie dans les processus de paix environnementaux, amenant les différents camps à trouver un arrangement en cas de conflit lié à la sortie des énergies fossiles. Ces problèmes n'ont pas été suffisamment pris en compte par un monde qui tend à voir la transition énergétique comme une chose purement, universellement bonne. Mais un monde à zéro carbone donne lieu à un jeu à somme nulle, comme l'ont observé des chercheurs en relations internationales dans *Nature*. Il faut prendre en compte le fait que la géopolitique de ce désinvestissement sera favorable aux États-Unis et à l'Union européenne, qui ont des économies diversifiées, un accès étendu à des technologies renouvelables et de l'argent, atouts qui se révéleront tous précieux pour apaiser les secteurs qui souffriront de cette transition. Les pays comme la Russie, les Émirats arabes unis ou l'Arabie Saoudite seront perdants dans ce désinvestissement. Un facteur aggravant de l'inégalité face à la décarbonisation est le manque d'aides promises aux pays du Sud global – certains d'entre eux dépendant des revenus liés au pétrole et au gaz.

Les détracteurs de la géo-ingénierie solaire la rejettent parce qu'ils lui reprochent d'être ingouvernable, étant donné la difficulté à trouver un accord politique mondial. Mais est-elle plus ingouvernable que le problème éminemment compliqué et riche en conflit qu'est le désinvestissement des énergies fossiles à l'échelle internationale ? Au lieu de laisser les pays producteurs de carburants fossiles entraîner la planète dans une spirale existentielle mortifère, une trêve pourrait être aménagée pour permettre une transition plus douce grâce à la géo-ingénierie solaire.

Dans les meilleurs scénarios, cette technologie permettrait de gagner du temps pour réduire les émissions et la quantité de dioxyde de carbone, fonctionnant comme un programme temporaire qui, afin d'« écrêter les pointes » des impacts climatiques, s'intensifierait le temps de la transition et se poursuivrait à bas régime sur environ un siècle.

Comme le notent les chercheurs Edward A. Parson et Jesse Reynolds, ce modèle présente des défauts et fait surgir la question : « Gagner du temps pour qui ? ». La réponse n'est pas tant que « le monde » doive se décarboniser, mais surtout que les nations productrices doivent devenir moins dépendantes des combustibles fossiles. La paix n'est donc clairement pas un bien univoque. La paix pourrait signifier l'apaisement des intérêts liés aux carburants fossiles – et la géo-ingénierie être source de « *peace for our time*[1] ».

1. NDT : En français, « la paix pour notre époque », expression célèbre de Chamberlain se félicitant d'avoir trouvé un accord de paix avec l'Allemagne, généralement citée avec ironie puisque moins d'un an après l'Allemagne nazie envahissait la Pologne, déclenchant la Seconde Guerre mondiale.

Trop nombreuses sont les nouvelles technologies qu'on n'utilise pas pour l'intérêt public, pour le bien commun. Un biais nous amène souvent à jauger les risques plutôt que les potentiels offerts par une nouvelle capacité – ce qui est plutôt raisonnable, étant donné les conséquences imprévues de tant de technologies et initiatives émergentes. Mais cela présente aussi de sérieux inconvénients. Ici, l'un des risques est de ne pas mettre en œuvre, sur un sujet où il serait nécessaire, un incroyable potentiel en termes de sécurité et de paix. Un autre est de regarder les technologies de géo-ingénierie uniquement comme une menace à la sécurité, ce qui ne fait qu'augmenter les chances pour qu'elles le deviennent. Plus grave encore, notre façon de réfléchir à ce sujet influence les études scientifiques qui y sont consacrées, ce que nous savons et ce que nous ignorons. Craindre les dangers de la géo-ingénierie solaire implique pour le monde le risque de ne pas pouvoir en récolter pleinement les fruits.

Les professionnels de la politique climatique devraient aussi réfléchir à ce qu'impliquerait une approche centrée sur la paix pour la gouvernance de ces dispositifs. L'ancien secrétaire général de l'ONU Ban Ki-moon, par exemple, avait précédemment fait remarquer que cette technologie « risquait d'exacerber les menaces plus larges pour la paix et la sécurité internationale, telles que la rareté des ressources et la migration climatique forcée » et nécessitait donc un vrai cadre de gouvernance. D'accord, mais à quoi ressemblerait un cadre cherchant activement à promouvoir la paix, et pas seulement à modérer les conflits ?

Si un tel cadre est mis en place, et si une agence ou une institution est créée pour superviser la géo-ingénierie, il faudra explicitement faire de la paix le point central. La coopération scientifique jouera un rôle clé pour une gouvernance orientée vers la paix, aussi faudra-t-il qu'elle soit véritablement internationale. À titre d'exemple, certaines parties prenantes impliquées dans la rédaction d'un projet de résolution sur la réglementation pour la géo-ingénierie, soumis à l'Assemblée pour l'environnement de l'ONU à Nairobi en mars 2019, indiquaient aux chercheurs qu'à leurs yeux la modification du rayonnement solaire semblait n'être qu'un autre « truc d'hommes blancs », tout comme ces programmes administrés par des institutions « mondiales » qui menaçaient les pays les plus pauvres et leur imposaient une marche à suivre. La gestion du rayonnement solaire exige que nous revoyions notre copie pour mettre en place une coopération scientifique réellement internationale.

Nous ne pouvons pas nous permettre de laisser les idéologies, les postulats et autres raisonnements biaisés troubler notre analyse sur ce sujet – ou n'importe quel autre, par ailleurs. Il n'y a pas que le futur de la recherche dans ce domaine qui est en jeu ici : échouons-nous à prendre du recul sur les autres technologies émergentes, que ce soit dans les champs de la biotechnologie ou de l'informatique ? Y a-t-il d'autres domaines où nous nous contentons de suivre des idées reçues pour décider de l'usage des nouvelles capacités technologiques ? La technologie pourrait s'avérer une excellente alliée pour modifier des écosystèmes, des systèmes terrestres, et nous-mêmes – tant que nous ne nous sommes pas trop effrayés à l'idée de l'utiliser avec sagesse.

Traduit de l'anglais par Sonia Baudry et relu par Laurent Vannini.

Cet article a été publié dans New York Magazine, *« Intelligencer », le 25 janvier 2022 avec pour titre original « Will Solar Geoengineering Bring Nations Together? Or Drive Them Apart? ».*

Se libérer sans se séparer

Agnes Callard

Comment mettre fin à une histoire d'amour ? Cette question, la philosophe Agnes Callard se l'est posée après une liaison aussi dévorante que décevante. Racontant les affres du monstre amoureux, elle souligne que la volonté de rompre nettement est encore une manière de rester aliéné à la relation, de rester prisonnier de l'autre. Plutôt que de couper les ponts, mieux vaut se laisser porter par les repères rassurants de la civilité. Alors seulement, l'ancien amant devient un autre parmi les autres. Une présence indifférente.

Au cours de la pire histoire d'amour de ma vie, j'ai souvent fantasmé l'organisation d'un enterrement pour cette relation. Avec le temps, j'ai élaboré ce fantasme en détail : j'avais choisi un lieu et je m'imaginais me retrouver avec mes proches, creuser un trou dans lequel j'enterrerais tout ce qu'il m'avait donné – principalement des livres et des lettres – en gardant un volume que je n'avais toujours pas lu pour l'utiliser comme pierre tombale. Je prononcerais un éloge funèbre, reconnaissant avec magnanimité les avantages et les inconvénients de notre liaison. Je suis allée jusqu'à discuter de ce plan avec mes amis, qui étaient prêts à jouer le jeu si cela signifiait la fin de cet enfer : « Quoi que tu veuilles, commence par rompre avec lui ! » Et je l'ai fait, encore et encore. Je ne pouvais pas m'arrêter de rompre avec lui.

Nous nous sommes rencontrés pour la première fois pendant l'heure consacrée aux échanges d'une conférence universitaire, dans une salle où se trouvaient réunies un grand nombre de ses connaissances. Notre dernière rencontre a eu lieu quatre ans plus tard, en face de la bibliothèque publique, près de chez lui. Il pleuvait, et il avait apporté un second parapluie au cas où j'aurais oublié le mien ; je pense qu'il essayait d'éviter d'avoir à se tenir près de moi. Sa femme, qui avait déjà entendu parler de moi, avait essayé de l'empêcher de quitter la maison. Il a dit qu'il craignait qu'elle le « renie » s'il venait me rencontrer, quoi que cela veuille dire. « Alors pourquoi es-tu venu ? » ai-je demandé. Il n'avait pas de réponse.

Quand je décris cette dernière rencontre, cela ressemble plus au début qu'à la fin de quelque chose. Mais c'est à cela que ressemblait toute notre relation : toujours sur le point de commencer. Nous étions en contact permanent, échangeant des dizaines d'e-mails par jour, mais nous ne nous sommes vus en personne que treize fois.

Il était très secret à notre sujet, prétendant que les autres ne pouvaient pas comprendre. C'était assez plausible, puisque même moi, membre du couple, je ne comprenais pas. J'essayais sans cesse de clarifier la situation, mais je ne rencontrais que résistance à mes efforts.

Presque dès le début, j'ai dit que je voulais mettre un terme à notre relation, mais plus on se séparait, moins il semblait possible qu'on puisse rester comme ça. Il disait que nous étions liés pour toujours, sans réaliser à quel point cela ressemblait à une menace. J'en suis arrivée au point où je ne pouvais plus imaginer des funérailles sans que mon esprit se mette à penser à une séquence humiliante dans laquelle je déterrerais tout.

Le sexe sans l'amour, l'amour sans les rencontres, les rencontres sans le mariage, la polygamie, le relâchement des rôles de genre : notre monde est en train de devenir le Far West des relations amoureuses. Nous vivons une époque de grande liberté romantique, mais nous n'en avons pas encore mesuré le prix. En éliminant les normes sociales qui guident nos attentes en matière de relations amoureuses, nous libérons également un monstre en nous. Le nom de ce monstre est Éros. Il était autrefois courant de décrire l'attirance amoureuse comme une passion destructrice qui s'empare d'une personne et la rend follement indifférente à son propre bien-être :

> « Le désir irraisonné qui surpasse l'impulsion réfléchie d'une personne à faire le bien et qui est poussé à prendre plaisir à la beauté, sa force étant renforcée par ses désirs similaires pour la beauté des corps humains – ce désir, conquérant dans son élan puissant, tire son nom du mot pour force (*rhōmē*) et est appelé éros. »

Cette définition de l'amour tirée du *Phèdre* de Platon est vieille de plusieurs milliers d'années ; remarquez le nombre de fois où le mot « force » apparaît. L'impulsion érotique peut alimenter l'élévation de l'âme, mais Platon n'hésite pas à dire combien il est dommageable que cela ne se produise pas. Dans les discours négatifs du dialogue sur l'amour mondain, les amants sont décrits comme enclins à exploiter, rabaisser et détruire leurs bien-aimées, afin de mieux les contrôler.

« L'éros, honoré sans réserve et auquel on obéit inconditionnellement, devient un démon, prévient C. S. Lewis, enchaînant impitoyablement deux tourmenteurs mutuels, portant chacun dans sa chair le poison de la haine amoureuse. » Écrivant en 1960, il exprime son inquiétude quant au fait que les dangers de l'éros ont fini par être sous-estimés : « Lisez *Anna Karénine*, et ne vous imaginez pas que de telles choses n'arrivent qu'en Russie. » Pas seulement en Russie, et pas seulement au XIXe siècle. Pour Didon chez Virgile, Werther chez Goethe, Emma Bovary chez Flaubert, Swann chez Proust et Heathcliff chez Brontë, les histoires d'amour sont des maladies de l'âme.

Dans ces histoires, le lecteur d'aujourd'hui est attiré par les obstacles que les amoureux rencontrent dans le monde qui les entoure. Nous sommes prompts à reconnaître la nécessité d'accepter toujours davantage les structures familiales non traditionnelles, la diversité des préférences sexuelles et les amours qui traversent les frontières culturelles. Nous nous gardons bien d'imputer à la « force » de l'éros les méfaits auxquels elle donne lieu, car ce type de raisonnement a longtemps permis d'excuser la violence, généralement à l'encontre des femmes, sous le vocable de « crime passionnel ». Nous préférons rejeter la faute sur l'un des individus impliqués, ou pointer du doigt des défauts structurels tels que l'inégalité des sexes ou les écarts d'âge.

L'amour peut sans aucun doute exploiter les déséquilibres de pouvoir existants, mais selon une certaine tradition, l'amour créait aussi ces déséquilibres, en livrant une âme au bon vouloir d'une autre. Dans cette tradition, il y avait malheureusement du vrai.

Elle aurait néanmoins besoin d'une mise à jour. Aux alentours de notre dixième rencontre, j'ai essayé d'écrire un roman qui détaillerait l'histoire tumultueuse de ma propre histoire d'amour malheureuse. Je voulais explorer la forme que prend le monstre dans un monde où il reste peu de règles pour le contenir. Quand j'en étais à environ quatre-vingts pages, il m'a demandé de le détruire. Il craignait que les détails ne permettent de l'identifier et ne menacent sa respectabilité. La mort dans l'âme, j'ai obtempéré.

Un jour, avant notre huitième rencontre, j'étais devenue assez désespérée pour lui créer un PowerPoint sur notre relation. L'une des diapositives disait : « Je ne peux pas continuer comme ça. S'il te plaît, aide-moi. » Nous nous sommes assis côte à côte dans un bar sportif, face à mon ordinateur portable. J'ai commandé un thé, il n'a rien commandé. En cliquant sur les diapositives, j'ai remarqué qu'il semblait s'éloigner de moi. Cela m'a rappelé comment, la première fois que je l'ai embrassé – après avoir demandé et obtenu la permission –, il est resté là, paralysé par la peur, tremblant, endurant, attendant que cela se termine. On pourrait penser que cette aversion physique pour moi aurait été un indice important. Le problème est que c'est exactement la façon dont j'ai traité son comportement : comme une série d'indices. J'ai analysé, interprété, et, d'une certaine manière, j'en suis venue à lire chaque signe comme une preuve de son contraire.

C'était une torture. Je me suis rapidement retrouvée à ne plus penser qu'à ça. J'ai pris du retard dans mes obligations, j'ai oublié des rendez-vous, j'ai perdu du poids et du sommeil ; quelques mois plus tard, j'ai commencé à boire. Environ un an plus tard, des pensées suicidaires ont fait surface – était-ce la seule façon de m'en sortir ? J'ai cherché une aide professionnelle. La thérapie, pour le meilleur et pour le pire, m'a permis de faire face aux montagnes russes, de les accepter comme ma nouvelle réalité. Quand je me plaignais, il me disait lui-même de « m'en aller ». La première fois que je l'ai pris au mot, j'ai été récompensée par une déclaration d'amour explicite. Cela m'a fait revenir en courant. Une autre fois, je lui ai dit : « Ne nous parlons plus pendant trois mois », pensant que si je tenais aussi longtemps, son charme pourrait s'estomper.

Mais quand il a repris contact au bout de trois semaines, j'étais ravie : il me voulait vraiment ! La rupture est devenue un moyen de se rafraîchir. Chaque tentative d'évasion me piégeait davantage : j'avais beau lui dire « C'est fini ! », je ne m'attendais pas à ce qu'il me croie. Je ne me croyais pas moi-même.

Parfois, je pensais, et je disais, que je l'aimais. D'autres fois, je le détestais au point que, si je n'avais pas de nouvelles de lui pendant une journée, la possibilité de sa mort évoquait la perspective alléchante d'un soulagement. Il peut sembler incroyable que l'on puisse haïr la personne que l'on prétend aimer, et pourtant c'est exactement ce qui se passe lorsque l'éros devient un piège. Mais comment suis-je tombée dedans ? Dans la tradition, on dit que l'éros accède à nos vulnérabilités émotionnelles : dans le *Symposium* de Platon,

Agathon dit qu'éros est doux et délicat, parce qu'il n'élit domicile que dans les régions tendres de l'âme des personnes au cœur le plus tendre. Cela ne me décrit pas. Cela ne décrit pas non plus Ester dans le roman d'Andersson. Andersson la dépeint comme une personne exceptionnellement rationnelle et impartiale. Ce qui résonne le plus pour moi dans les romans d'Andersson, c'est le thème de la confusion, auquel elle revient sans cesse :

> « Le pire de tout était de ne pas comprendre cette chose au milieu de laquelle elle se trouvait, cette chose qui la tenait dans ses griffes. Il n'est de pire douleur que celle de ne pas comprendre. »

Mais qu'est-ce qui rend l'éros si déroutant ? Andersson ne l'explique pas.

Quand on est obsédé par quelqu'un, chaque détail semble chargé de sens. J'ai lu et relu ses e-mails. Je leur prêtais toutes sortes de sens différents. Sur du carton d'affichage, j'ai fait des calendriers avec des codes de couleur pour noter les périodes pendant lesquelles j'ai pu rester éloignée de lui, les moments où il reprenait contact et ceux où j'ai replongé. J'ai recueilli des données sur deux ans concernant le nombre d'e-mails que nous échangions par jour et j'en ai fait un graphique. Plusieurs années auparavant, j'étais devenue obsédée de la même manière par une femme avec laquelle j'avais découvert que mon petit ami de l'époque couchait. J'explorais pathologiquement les détails de son apparence, de son passé, de sa carrière. Plus que jalouse, j'étais curieuse – ou peut-être que ma jalousie s'exprimait sous forme de curiosité. J'ai même commencé à lire un roman parce que sa protagoniste portait le même prénom qu'elle.

Nous avons un mot pour désigner le fait de chercher ou de voir des significations là où il n'y en a pas : la superstition.

Les superstitions sont souvent considérées comme irrationnelles, mais les superstitions établies deviennent des modèles de raison lorsqu'on les compare à la folie agissante, changeante, turbulente et obsessionnelle de la pensée superstitieuse privée. Même les théories du complot ont un noyau interne stable : ce qui n'était autrefois qu'une simple pensée superstitieuse s'est solidifié en un ensemble particulier de croyances. Si une superstition vous dit où chercher un sens, elle vous dit également que vous ne devez pas chercher ailleurs. En l'absence d'une telle orientation, n'importe quel détail peut avoir de l'importance, et ni la quête d'informations, ni le projet de traitement de ces informations ne rencontrent de limite. Lorsque la superstition a été libérée des confins de la superstition établie, j'appelle cela la « pensée perpétuelle ».

Au cours de ces années, mes émotions, habituellement stables et modérées, ont fluctué de manière incontrôlable. J'évoquais la charité et l'affection, alors que, l'instant d'avant, j'étais folle de rage et d'amertume. La pensée superstitieuse exige un investissement massif d'énergie ; l'oscillation entre l'espoir et le désespoir est ce qui alimente la recherche incessante du penseur perpétuel sur la signification de tel ou tel nouveau détail. Lorsque tout ce qui existe est lourd de symboles qui demandent à être interprétés, la vie intérieure devient saturée d'émotions.

Ces émotions se caractérisent par leur évanescence : elles sont intenses mais passent rapidement. Néanmoins, le fait de les traverser, heure après heure, pendant des années, est épuisant et démoralisant : on consomme ses propres ressources psychologiques pour continuer. En essayant de trouver un sens là où il n'y en a pas, on se consume.

La tradition veut que l'éros induise l'autodestruction par le biais des émotions : il contrôle, redirige et empoisonne les sentiments. Mais l'éros commet des crimes passionnels parce que, d'abord et avant tout, il commet des crimes de la pensée. Il attaque le cœur par l'esprit. Éros est un monstre intellectuel.

La pensée perpétuelle est, pragmatiquement parlant, une mauvaise pensée : les désespérés font des sacrifices déraisonnables et embarrassants sur l'autel de l'amour. J'ai été confrontée à un problème dont la solution – « il suffit de s'en aller » – était claire pour tout le monde autour de moi. Ma réponse a été la confusion : je ne comprenais pas, je sentais qu'une enquête plus approfondie s'imposait, je cherchais à parler, à expliquer et à interpréter davantage la multitude de gestes, de remarques et de détails que je recueillais, stockais, classais et reclassais. Ma pensée s'était désespérément infectée de superstitions : je ne parvenais pas à résoudre le problème le plus simple, et il n'y avait aucune limite à ma furieuse agitation mentale.

L'impuissance totale est exactement ce que l'on attend de quelqu'un qui a confié une grande partie de sa quête de sens à une personne totalement inadéquate. Les amoureux externalisent le sens de leur vie à l'autre ; au lieu de se demander « Comment devrais-je vivre ? », ils se demandent « Comment devrions-nous vivre ? ». Lorsque cela fonctionne, ce genre de dévotion mutuelle peut être transcendant, permettant aux deux d'aspirer à des sommets de vertu et de bonheur impossibles à atteindre par eux-mêmes. Quand ce n'est pas le cas, c'est comme si un maître de l'évasion s'emparait de votre esprit. « L'amour » devient une quête pour reprendre le contrôle.

Un jour, j'ai exprimé ma déception devant la rapidité avec laquelle il devait raccrocher le téléphone ; j'ai dit que j'aurais aimé parler toute la journée. Il m'a jugée extrême. Il avait raison ; j'étais toujours délibérément, combativement extrême. Je lui ai demandé combien de temps il aurait aimé parler, s'il n'avait pas eu d'autres rendez-vous. Il a répondu « une heure et quarante-sept minutes ». Sa précision était ludique, il plaisantait, et je le savais – mais je ne voulais pas laisser passer ça. Je suis devenue absurdement littérale et exigeante. Mon esprit s'est fixé sur ces cent sept minutes ; je l'ai harcelé à ce sujet, il a résisté. C'est presque un an plus tard, un soir où sa femme n'était pas en ville, que nous avons finalement parlé pendant cent sept minutes ; la conversation était… plutôt ennuyeuse. Qu'elle se termine ne m'a pas dérangée. Que pensais-je obtenir de ces cent sept minutes ? Et pourquoi m'avait-il obligée à les attendre si longtemps ?

Lorsque vous remettez votre esprit entre les mains de quelqu'un d'autre, vous lui donnez un pouvoir que, je suppose, seul un saint pourrait s'abstenir d'exploiter. J'ai fait ressortir le pire chez l'homme à qui j'avais donné bien plus de pouvoir sur moi qu'il ne pouvait en supporter et, voyant cela, je me suis épuisée à essayer de le reprendre.

En général, nous avons tendance à croire que les gens recherchent des relations qui leur sont bénéfiques. Éros réfute cet optimisme : les gens choisissent parfois de s'enfermer dans des dyades au sein desquelles ils se rendent malheureux et s'exploitent l'un l'autre. Les humains ont le potentiel d'une forme très profonde d'ouverture à l'esprit de l'autre – nous pouvons en venir à penser comme un « nous » plutôt que comme un « je ». Si l'une des parties n'adhère jamais à cette entreprise de collaboration, mais ne s'en sépare jamais complètement non plus, la relation devient pour l'autre partie une boucle infinie. Cette boucle n'est pas, au fond, une question d'attachement passionnel, de tendre affection ou de besoin pragmatique. La crise érotique est intellectuelle : vous avez perdu la capacité de penser par vous-même. Vous feriez n'importe quoi pour retrouver vos esprits, mais ne trouvez aucun moyen d'y parvenir.

Peu après notre douzième rencontre, j'ai contacté la femme de mon ex. Dans de nombreuses histoires d'éros, l'antidote à une liaison obsessionnelle est une Autre Femme, que ce soit l'épouse ou une nouvelle amante. J'espérais l'inciter à jouer le rôle de *deus ex machina*. Je ne l'ai pas informée de la liaison, il le lui avait dit cinq mois plus tôt. Au lieu de cela, j'envisageais, aussi invraisemblable que cela puisse paraître, que la collaboration pourrait réussir avec elle là où elle avait échoué avec lui. Lorsque j'ai envisagé la possibilité qu'elle refuse de m'aider, j'ai imaginé qu'elle répondrait par des interdictions furieuses, des insultes et de la colère, ou qu'elle ne répondrait pas du tout. Ce n'est pas ce qui s'est passé. Sa réponse était brève, clichée et vide ; on aurait dit qu'elle essayait de dire ce qu'elle pensait qu'une personne digne dans sa situation dirait. Je suppose que j'étais son monstre, et qu'elle avait décidé de ne pas me nourrir. Elle ne s'est pas battue avec moi, et elle ne m'a pas ignorée ; au contraire, elle était froidement polie. Petit à petit, j'ai compris que le contraire de l'éros est la civilité.

Si l'éros pousse les amants à construire un monde privé avec ses propres règles, les convenances offrent une alternative publique, prête à l'emploi. Tout au long de ma vie, j'ai eu tendance à m'irriter des pressions exercées pour me conformer aux attentes de la société. Mais si vous vous retrouvez coincé dans un espace clos avec quelqu'un de non coopératif et d'incontrôlable, vous commencez à voir l'avantage de suivre aveuglément un ensemble de règles extérieures. Lorsque vous ne pouvez pas être vous-même, lorsque votre personne n'en vaut pas la peine, c'est un soulagement de découvrir la possibilité de n'être personne en particulier. Si vous vous en tenez à ce qui se fait, vous pouvez éviter les drames, les disputes et les ruptures. Parce que rompre est définitivement incivil. La beauté de la civilité est que cela n'a pas d'importance qu'il coopère, parce que c'est un jeu que vous pouvez jouer en solo. Je lui répondais avec de plus en plus de brièveté, et j'ai commencé à construire un cocon de politesse autour de moi. À l'intérieur de celui-ci, mon goût pour la vie a commencé à revenir. Au fur et à mesure que le monde extérieur réapparaissait, je m'éloignais avec une facilité croissante.

Même après avoir su que j'avais rencontré quelqu'un d'autre, il a continué à me contacter périodiquement. Et j'ai continué à lui répondre poliment. Bien sûr, j'ai été tentée de m'emporter, soit en insistant furieusement pour qu'il ne me contacte plus jamais, soit en l'ignorant impérieusement. Cela aurait été satisfaisant, mais pour combien de temps ? Combien de temps avant que ma fausse indifférence ne se transforme en obsession ? J'avais toujours soupçonné, et même déploré, que c'était moi qui fournissais l'énergie qui alimentait notre fonctionnement érotique.

Une fois, après la fin de notre idylle, nous nous sommes retrouvés au même déjeuner. Il s'agissait d'un événement collectif, et lorsque j'ai appris qu'il y serait, il était trop tard pour me retirer sans risquer une scène. Faire preuve de politesse était le seul moyen d'éviter toute déclaration. La politesse permet d'éviter d'envoyer des signaux, elle ne crée pas de nourriture pour un esprit affamé. La personne qui ne dit rien du tout en dit plus que celle qui parle poliment. Pendant le déjeuner, mon attention s'est portée sur ses habitudes alimentaires. C'était étrange, compte tenu du nombre de fois où nous avions mangé ensemble, que je n'aie jamais remarqué qu'il maniait sa fourchette sans élégance, qu'il avait souvent recours à ses doigts. Et pourquoi commençait-il à manger avant que tout le monde ait eu son plat ?

Cinq mois plus tard, j'étais loin de chez moi, en voyage, plongée dans une conversation, et soudain sa voix s'est matérialisée dans l'air autour de moi. Il se tenait juste derrière la porte de la pièce où je me trouvais, si près que si j'avais ouvert la porte et tendu la main, j'aurais pu le toucher. J'ai repensé aux fois où j'avais traversé le pays en avion pour provoquer une rencontre accidentelle. J'ai baissé la voix et gardé ma main le long de mon corps, en prenant soin de ne pas m'étrangler.

Traduit de l'anglais par Agnès Botz.

Cet article a été publié dans Harper's Magazine *le 7 mars 2022 sous le titre original « The Eros Monster. Breaking Free without Breaking up ».*

L'universalisme : un outil de libération individuelle

Nathalie Heinich

Ethnocentrique, néocolonial, tyrannique : l'universel est sous le feu des critiques depuis plusieurs mois. La sociologue Nathalie Heinich attaque ces discours caricaturaux, repris par une partie de la gauche, qui transforme un outil fondamental d'émancipation en un vecteur de domination. Non, affirme-t-elle, l'universalisme ne cherche pas à nier les différences culturelles et la singularité des êtres. Simplement, il refuse d'en faire une source de droit. L'universalisme, c'est la garantie pour l'individu de pouvoir s'autodéterminer, en s'affranchissant s'il le veut des aliénations communautaires.

L'universalisme paraît être une notion abstraite. Comment le définissez-vous ? Et quelles sont, selon vous, ses implications concrètes ?

Comme je l'explique dans l'introduction de mon recueil d'articles *Oser l'universalisme. Contre le communautarisme*, l'universalisme est une conception de l'homme qui repose sur le privilège donné à ce qui est commun – donc ce qui unit – plutôt qu'à ce qui nous différencie et, par conséquent, risque de nous séparer. Sur le plan de la citoyenneté, il consiste à conférer à tous les citoyens les mêmes droits, conformément à la *Déclaration des droits de l'homme et du citoyen* que nous avons héritée de la Révolution française, elle-même héritière des Lumières. C'est dire que l'universalisme est consubstantiel à la conception française de la citoyenneté, et à la valeur d'égalité.

Concrètement, il signifie que les individus n'ont de droits qu'en tant que citoyens, appartenant à la collectivité nationale, et non pas en tant qu'appartenant à des collectifs restreints tels que les communautés de religion, de sexe, d'orientation sexuelle, d'origine géographique, etc. En ce sens, il est diamétralement opposé à la conception multiculturaliste de la citoyenneté qui prévaut dans les pays anglo-saxons, et qui octroie des droits (ou des devoirs) à des membres de communautés. Ainsi, le suffrage universel n'a été effectivement réalisé en France qu'en 1946, lorsque le droit de vote a été octroyé aux femmes. Ainsi, il est également inconcevable, dans notre pays, que des postes administratifs soient affectés à des individus en raison de leur couleur de peau, de leur religion, etc.

Vous soulignez que certaines critiques contre l'universalisme reposent sur un malentendu. Quel est-il ?

Je mets en évidence quatre grands malentendus à propos de l'universalisme. Le premier est le malentendu que je nomme « sophisme de l'irréalisme », consistant à critiquer l'universalisme au motif qu'il ne serait pas réalisé. Mais c'est se méprendre sur la nature de l'universalisme, qui n'est pas un fait (susceptible d'être avéré ou pas) mais une valeur, c'est-à-dire une visée partagée. Comme toute valeur, l'universalisme ne peut être récusé que par l'invocation d'une autre valeur, mais pas par l'argument de sa non-réalisation. Il en va de même avec l'égalité : ce n'est pas parce que celle-ci n'est pas effective qu'elle n'est pas une valeur à faire advenir.

Le deuxième malentendu est le « sophisme de l'ethnocentrisme », consistant à accuser l'universalisme de n'être qu'un point de vue occidentalo-centré. C'est vrai, mais où est le problème ? Une valeur n'a pas besoin d'être objectivement universelle pour être considérée comme méritant d'être universalisée – et d'ailleurs nombre de citoyens issus de pays non occidentaux partagent notre attachement aux valeurs démocratiques, républicaines, universalistes, qu'ils aimeraient bien voir mises en œuvre dans leur pays.

Le troisième malentendu est le « sophisme de la domination », consistant à accuser l'universalisme de n'être qu'un « communautarisme des dominants », qui détourneraient à leur profit l'appartenance à une humanité commune. Or, c'est une conception profondément communautariste qui, là encore, ne parvient pas à faire la différence entre un fait (l'existence de hiérarchies) et une valeur (l'aspiration à davantage d'égalité et de liberté, puisque l'universalisme permet à l'individu de s'autonomiser par rapport à ses affiliations originelles).

Enfin, le quatrième malentendu est le « sophisme de l'uniformisation », consistant à accuser l'universalisme de vouloir annihiler les différences, la diversité, la pluralité des cultures. Or, c'est là confondre l'égalité et la similitude : viser l'égalité des citoyens en droits ne signifie pas postuler qu'ils sont semblables. L'universalisme ne nie en rien les différences de cultures, mais refuse d'asseoir des droits sur ces différences. Là encore, il faut savoir distinguer le fait (les différences effectives : ce qui est) et la valeur (l'aspiration au partage de ce qui est commun : ce qui doit être). En ce sens, cette réflexion d'ordre politique est dans la droite ligne de mon livre *Des valeurs. Une approche sociologique* où je développais notamment l'importance et les fondements de cette distinction entre faits et valeurs.

Vous estimez que le « constructivisme », c'est-à-dire cette idée que toute « construction sociale » serait à « déconstruire » en tant qu'elle serait arbitraire, est un lieu commun : « Pris comme synonyme de "fabriqué" au sens factice, donc d'inauthentique, le "construit" devient, dans cette perspective critique, rien de mieux qu'une "fable", un "mythe", dont il ne reste rien une fois qu'on l'a dévoilé comme tel. » Vous écrivez aussi « qu'il y a beaucoup de naïveté dans [le] succès

de la *French Theory*, étayée par une grande méconnaissance des contraintes de la vie en société, des pesanteurs et des contraintes sociales ». Pouvez-vous expliquer ? En quoi ce « constructivisme » s'oppose-t-il à l'universalisme ?

Ce constructivisme-là – devenu la grande mode dans les sciences sociales ou ce qui en tient lieu – ne s'oppose pas à l'universalisme, mais simplement à la réalité de la condition humaine : ce n'est pas parce qu'un phénomène n'est pas un donné de nature qu'il serait arbitraire et pourrait être modifié à la guise des individus. Les phénomènes sociaux ont des nécessités proprement sociales et sont, le plus souvent, portés par des institutions qui sont au moins aussi structurantes et contraignantes que des faits de nature. Bref, le « socialement construit » mis à toutes les sauces n'est autre que la découverte naïve que ce n'est pas la nature qui organise le destin humain – une découverte qui date de l'invention des sciences sociales – et la croyance qu'il n'y aurait rien entre la nature et l'individu, une croyance inculte car ignorante de tout ce qui relève des faits sociaux. Un comble pour des sociologues !

Quant à la *French Theory*, elle consiste à imaginer qu'il n'existerait que des discours, et que ces discours seraient indéfiniment « déconstructibles » sans jamais s'adosser à des réalités tangibles ou à des vérités objectives. Je pense qu'elle relève profondément d'un fantasme infantile de toute-puissance face à une réalité qui se réduirait à ce que nous en percevons, disons ou désirons. C'est ce qui permet de comprendre son succès sur les campus en dépit de son évidente naïveté.

En quoi ces courants découlent, pour vous, d'une réception caricaturale des théories de Michel Foucault et de Pierre Bourdieu ?

La déconstruction critique des « discours », des « idéologies », des « illusions », sous couvert de leur historicité ou de leur association à des effets de domination, a été en effet très développée chez ces deux auteurs. Leurs disciples n'en ont souvent gardé que ce réflexe, sur fond de compulsion critique où la pensée est considérée comme une arme de démolition plutôt que comme un outil de compréhension et d'explication du monde. C'est un prisme déformant qui ne rend pas justice à la puissance et à la multiplicité des facettes de leurs œuvres respectives.

« En relativisant [...] la notion d'universalité, ces critiques ne font qu'appliquer leur propre grille de lecture – la grille communautariste – à une conception du monde politique qui, à l'opposé, tente de s'abstraire des affiliations assignées par la naissance au profit d'assignations choisies par le sujet et dont il devrait être libre de s'affranchir s'il le souhaite », écrivez-vous. Puis, quelques pages plus loin : « [...] l'inégalité entre "dominants" et "dominés" devient une donnée absolutisée, indépassable, dans laquelle "coupables" et "victimes" se trouvent une fois pour toutes enfermés. » N'y a-t-il pas une ambiguïté, davantage qu'une hostilité à l'émancipation individuelle, chez les « communautaristes » ou « racisés », à savoir que le désir de s'émanciper d'une identité attribuée par d'autres et subie comme limitante (noir, arabe...) vise à s'affirmer comme sujet de son histoire... tout en se reconnaissant une communauté de valeurs (religieuses éventuellement), d'histoire ou de souffrances vécues (colonialisme, racisme, discrimination, violences policières...) ? Ces deux dimensions ne sont-elles pas compatibles pourtant et articulables à l'universalisme républicain ?

Tout dépend des contextes – et le propre des idéologies est de ne pas tenir compte des variables contextuelles, qui au contraire sont au cœur du travail sociologique, anthropologique et historique. Selon les contextes, l'assimilation à une communauté de destin (basée sur le sexe, sur la race ou la religion, etc.) peut être le résultat d'une expérience de discrimination, ou bien la source d'un réconfort par le sentiment de ne pas être isolé, ou bien une imposition édictée par autrui et enfermant l'individu dans une communauté restreinte. Le propre de l'universalisme républicain est d'éviter cet effet d'enfermement en statuant sur le contexte particulier de la citoyenneté, mais sans prétendre dénier l'accès à différentes identités dans les contextes interactionnel, familial, professionnel, etc. En ce sens, l'universalisme est un outil de libération individuelle par rapport aux affiliations communautaires, qui cependant n'enlève rien aux solidarités effectives, donc à la fraternité. Et il est aussi, bien sûr, un instrument d'égalité puisque tous les individus sont égaux en droits dans le régime républicain – ce qui ne signifie pas, bien sûr, qu'ils le soient effectivement et sur tous les plans, mais là, c'est le rôle de l'action politique que de tendre à davantage d'égalité, ou plutôt d'équité. Égalité, fraternité, liberté : l'on voit bien le lien consubstantiel de l'universalisme avec les valeurs des Lumières instituées par la Révolution française.

Vous considérez « qu'il y a une autre façon d'être à gauche, qui consiste à ne pas systématiquement tout référer à la question de la domination ». Que voulez-vous dire ?

Sur le plan politique, nous avons connu – heureusement – d'autres gauches que celle qui s'enferme dans la dénonciation des « dominants », oubliant au passage l'importance du bien commun, de la solidarité, de la liberté de conscience, de la laïcité et autres valeurs constitutives de la culture de gauche en France. Mais c'est surtout sur le plan intellectuel – parce que je suis avant tout sociologue – que je regrette cette focalisation sur une notion qui enferme les sciences sociales dans une posture critique antinomique de la quête d'objectivité scientifique et qui, réduite à l'état de quasi-slogan, bloque la réflexion, interdit de penser les ambivalences, les nuances, les variations contextuelles, etc. L'appauvrissement de la pensée contemporaine obsédée par la « domination », le « patriarcat » ou les « discriminations » est flagrant pour quiconque a un minimum de culture et d'amour des sciences sociales – et c'est très triste.

Cet entretien a été réalisé par Mikaël Faujour et publié le 3 mars 2022 sur le site de La Revue du Comptoir *sous le titre original « L'universalisme est un outil de libération individuelle par rapport aux affiliations communautaires ».*

La culture du régime n'est pas saine. Elle est aussi immorale

Kate Manne

Depuis quelques années, le problème de la grossophobie est entré dans le débat public. Et les violences, verbales et parfois physiques, que subissent les personnes en surpoids sont condamnées de plus en plus unanimement comme des injustices. Mais le chemin reste long. La culture des régimes et des corps maigres pèse encore lourdement, principalement sur les femmes qui souffrent de leur écart à la norme et se mettent parfois en danger pour essayer, en vain, de l'atteindre.

L'automne dernier, ma fille, du haut de ses 20 mois, s'est prise de fascination pour son nombril. Dès qu'elle en avait l'occasion, elle relevait son T-shirt pour le montrer avec ravissement. La déduction que Maman et Papa avaient des nombrils aussi n'était pas très loin, et amenait avec elle son lot d'explorations. Mais quand elle relevait mon haut, je constatais mon réflexe de rentrer le ventre. J'avais honte – et honte d'avoir honte. Et j'ai réalisé à ce moment-là : il fallait que je fasse le point sur mon rapport à mon corps, pour le bien de ma fille.

J'entretiens avec mon corps une relation crispée, pour user d'un euphémisme. Cela n'a pas toujours été le cas, mais j'ai été grosse la plupart du temps. J'ai toujours détesté ça, malgré mes tentatives contraires. Mon poids n'a correspondu à la soi-disant norme, selon les standards draconiens de l'indice de masse corporelle, que lorsque je m'étais empêchée de manger ou avais suivi un régime très restrictif et souvent complètement saugrenu. L'année dernière, j'ai perdu plus de vingt kilos, poussée par un vague sentiment d'obligation de fondre pour retrouver la bonne taille. Comme d'habitude, pour perdre ce poids, il a fallu des efforts si extrêmes que j'hésite à en parler : sur une période d'un mois l'hiver dernier, je n'ai pas mangé du tout dix-sept jours sur trente.

Et je ne suis pourtant pas dupe. Je vois bien toutes les raisons pour lesquelles je ne devrais pas faire ça. Je sais que le rapport entre le surpoids et les problèmes de santé n'a rien d'une évidence – que beaucoup de gens gros sont en bonne santé tandis que beaucoup de gens minces ne le sont pas, que la corrélation faite entre être gros et certaines maladies est complexe et souvent modulée par d'autres facteurs de risque, comme la pauvreté et la stigmatisation sociale qui empêchent les personnes en surpoids de bénéficier des soins médicaux auxquels elles auraient droit.

J'admire depuis longtemps le travail d'activistes luttant contre la grossophobie – notamment Marilyn Wann, Sonya Renee Taylor et Aubrey Gordon – et reconnais que les corps gros peuvent être non seulement en bonne santé mais aussi athlétiques, beaux et sexy. Je crois aux concepts de nutrition intuitive et de *health at every size* [1] – pour les autres du moins. Je vois bien que la grande majorité des régimes ne font pas maigrir ni n'améliorent la santé sur le long terme. Je vois bien que même si vous êtes une personne grosse dont la santé profiterait d'une perte de poids, vous ne le devez à personne ; vous ne devez d'ailleurs à personne d'être en bonne santé en général. Et je sais à quel point cette grossophobie que j'ai intériorisée est nourrie par les dynamiques

1. NDT : Littéralement, « en bonne santé quelle que soit ma taille ». Paradigme de santé utilisant les changements de comportements alimentaires et d'activité physique, plutôt que la perte de poids, comme principaux outils d'amélioration de la santé et de prévention contre les maladies liées au style de vie.

d'oppression du patriarcat – qui intiment aux filles et aux femmes en particulier de se faire petites, dociles, discrètes, d'être minces, sveltes.

En théorie, tout cela, je le vois bien. En revanche, dans la pratique, c'est une autre paire de manches.

Dernièrement je me suis demandé dans quelle mesure ma carrière de philosophe universitaire avait joué sur le regard grossophobe que je portais sur moi-même. Plus d'une autrice a remarqué que les gros corps de femmes étaient rares dans le milieu universitaire en général et en philosophie en particulier. La philosophie, avec l'emphase caractéristique qu'elle met sur la raison, se représente souvent implicitement la rationalité comme étant du ressort des hommes blancs, riches et minces, comme ceux qui dominent dans ma discipline.

Pour valoriser une argumentation, nous la qualifions de musclée, compacte, et nous accusons une prose d'être molle, fleurie, et donc, implicitement, féminine. Quand on en vient à notre métaphysique – le tableau que nous peignons du monde –, nous nous félicitons de notre goût pour l'austérité, ou, selon les mots de Willard V. O. Quine, pour les « paysages désertiques ». Et que représente un corps gros dans l'imaginaire collectif, sinon l'excès, l'opulence et le surplus ?

En tant que philosophe, je peine à réconcilier l'image que j'ai de mon corps avec la mission qu'il est censé remplir dans le monde, à savoir être l'émissaire de mon esprit. Je considère cela, avec ironie, comme *ma* version du problème corps-esprit. Souvent me semble insupportable la perspective d'envoyer mon corps d'« animal doux », comme l'écrivait la poétesse Mary Oliver, défendre des positions féministes avant-gardistes et controversées et représenter une discipline qui se targue d'être acérée, épurée et précise. Je me sens trahie par la douce rondeur de mes contours.

Cette fausse binarité existe en partie dans ma tête, oui, mais aussi beaucoup dans celle des autres : j'ai récemment découvert la légende accompagnant un portrait de David

Hume, le philosophe du XVIIIe siècle, dans un manuel d'introduction à la philosophie : « Son apparence lourdaude ne laissait rien transparaître de la vivacité et la clarté de son esprit. » Nous voilà ainsi prévenus, nous autres philosophes gros, que nos corps pourraient, de la même manière, cacher la qualité de nos intellects.

Le spécialiste de la psychologie cognitive Steven Pinker n'est pas philosophe, mais son dernier livre, *Rationalité. Ce qu'est la pensée rationnelle et pourquoi nous en avons plus que jamais besoin*, démontre habilement la vision du monde qui assimile la minceur à la raison. Après avoir déploré que la rationalité ne soit plus regardée comme une chose « extra », il réprimande l'andouille irrationnelle qui préfère le « petit plaisir » immédiat de se goinfrer de lasagnes au « grand plaisir d'avoir un corps mince » *ad vitam aeternam*. Cette même sorte de personne qui « cède » au « sacrifice myope » d'une gratification future – expression validiste décrivant une pensée à court terme, illustrée par un exemple grossophobe.

La philosophie regorge elle aussi d'exemples semblables : l'illustration standard du très étudié phénomène d'acrasie, le manque de volonté, est de succomber à l'envie de manger un gâteau. L'appétit naturel et humain pour les nourritures riches et sucrées est ainsi raillé et présenté non seulement comme contraire à la raison mais aussi comme devant être contrôlé, évité et même pointé du doigt. La privation constante et, parfois, la faim pure et simple d'une personne s'astreignant à un régime strict sont perçues comme clairement positives et considérées comme une réussite, voire une vertu.

Mais l'est-ce vraiment ? En tant qu'individu ayant récemment suivi un régime avec un certain succès (« succès »), il me semble évident que l'exemple que j'ai donné à ma fille maintenant âgée de 2 ans est mauvais – exemple qui deviendra seulement problématique dans quelques années, quand elle sera de plus en plus attentive à ce que je mange ou ne mange pas. J'ai apporté ma pierre, même petite, à cette société qui glorifie certains corps et en disqualifie d'autres pour des raisons plus ou moins arbitraires et synonymes de beaucoup de cruauté et de souffrance. (Le poids des enfants est le motif de harcèlement le plus commun à l'école.) Je me suis privée de plaisir et me suis imposé le tiraillement douloureux et l'anxiété épuisante causés par la faim.

Ce sont des choses que d'ordinaire nous considérons automatiquement comme mauvaises, d'un point de vue éthique. Quasiment toutes les variantes des théories morales composant le conséquentialisme estiment que le plaisir est moralement bon et la douleur et la souffrance moralement mauvaises. Même si l'éthique ne se résume pas à cela, il est raisonnable de penser que cela constitue néanmoins une vérité.

Étonnamment, de prime abord seulement, cela implique la chose suivante : se soumettre à un régime cause un préjudice et de réels dommages moraux que nous nous infligeons en grande partie nous-mêmes (bien que nous soyons influencés par de puissantes dynamiques sociales). Si les probabilités d'une perte de poids à long terme (et tous les bénéfices et plaisirs qui sont censés venir avec) sont proches de zéro, alors à quoi bon ? Je soupçonne que la réponse ne se trouve pas seulement dans nos habitudes et faux sentiments d'obligation mais aussi dans les attraits de l'aspiration : suivre un régime donne l'impression d'aller quelque part, de devenir plus acceptable en maigrissant, de devenir plus *raisonnable* en tant que corps.

Mais bien que la philosophie, dans sa forme actuelle, fétichise la minceur, elle comporte aussi en elle le pouvoir de questionner ces idées et même de reconfigurer entièrement le rapport moral que nous entretenons avec elles.

Nous sommes à cette période de l'année où beaucoup de gens vont essayer, et vont même se sentir investis du devoir de suivre un régime. Mais si se mettre au régime est une pratique très nocive – car causant de la douleur, de la souffrance, de l'anxiété et une faim dévorante – qui parvient rarement à prodiguer la santé et le bonheur promis depuis longtemps, alors c'est une pratique moralement mauvaise. Raisonnablement, il nous est donc non seulement permis mais aussi indispensable, en tant qu'individus, de l'abandonner, de la condamner et de ne pas la transmettre à nos enfants, que ce soit de façon explicite ou par l'exemple.

À la place, nous pourrions à notre échelle nous efforcer d'adopter de meilleurs « devoirs libérateurs », pour emprunter l'idée à Joseph Raz. Dans ce cas précis, le devoir – pour ceux d'entre nous assez chanceux pour en avoir les ressources – est simplement, ou pas si simplement, de manger quand nous avons faim.

Traduit de l'anglais par Sonia Baudry et relu par Laurent Vannini.

Cet article a été publié dans The New York Times, *le 3 janvier 2022, sous le titre original « Diet Culture Is Unhealthy. It's Also Immoral ».*

« Je m'intéresse à la possibilité d'une métamorphose »

Nastassja Martin

L'animisme, une piste de sortie de la crise climatique ? L'anthropologue Nastassja Martin, qui a travaillé auprès des peuples de l'Arctique, y voit en tout cas une manière de subvertir et de transformer les cadres de pensée occidentaux rigides où s'enracine le dérèglement environnemental. Si le chaos qui nous guette a tout pour inquiéter, il contient aussi la possibilité de tisser de nouveaux liens. De nous reconnecter avec les autres vivants, les fleuves ou les forêts.

Comment en êtes-vous venue à étudier sur le terrain les populations arctiques, à vivre pendant deux ans avec le peuple gwich'in ?

Oui, pour mon master, puis ma thèse, j'ai vécu avec les Gwich'in à Fort Yukon. Ils m'ont intéressée parce qu'ils étaient, médiatiquement, très vindicatifs quant à la préservation de leurs terres, en conflit avec les prospecteurs pétroliers comme avec les Iñupiat, un collectif autochtone de l'extrême nord de l'Alaska, sur les côtes de la mer de Beaufort. Le conflit portait sur la potentielle exploitation pétrolière de la plaine côtière d'un grand parc naturel, le National Arctic Wildlife Refuge. Les Iñupiat étaient en faveur de l'exploitation *onshore*, parce qu'ils comptaient en tirer des rentes ; les Gwich'in étaient contre, parce que les caribous dont ils dépendent pour vivre mettent bas sur cette plaine côtière.

Les Gwich'in arguaient qu'exploiter cette plaine, c'était porter atteinte à leurs droits humains, estimant que leur survie mais également leurs âmes et celles de leurs ancêtres étaient liées à ces caribous.

Comment vous êtes-vous retrouvée en Sibérie ?

En 2012, à la toute fin de mon terrain de recherche et avant de finaliser l'écriture de ma thèse, mes camarades gwich'in m'ont emmenée voir un radar datant de l'ère Reagan, près de Fort Yukon, dans la taïga – une sphère blanche servant à capter les communications soviétiques. J'ai alors compris que mon terrain d'observation était trop circonscrit et que, pour comprendre les problématiques qui agitent le monde arctique, il fallait que j'élargisse le spectre et que je passe de l'autre côté, en Russie… En 2014, je suis partie avec Charles Stépanoff faire un premier terrain exploratoire au Kamtchatka. Entre deux séjours, j'ai pris des cours intensifs de russe, avant de repartir seule, puis d'y retourner deux fois par an au cours de sept années. Petit à petit, j'ai appris la langue évène. Il n'est pas aisé d'accéder à la région où j'ai travaillé : le territoire évène est fermé par des *checkpoints*, c'est un gigantesque terrain militaire. Il n'y a pas d'accréditation officielle pour y aller. Des laissez-passer sont délivrés uniquement aux Évènes à Petropavlovsk, en tant qu'utilisateurs de ces terres ; si l'on se présente à un *checkpoint* avec eux en possession dudit document, normalement, ça passe… Il n'y a cependant aucune garantie que les soldats soient d'accord – parfois, ils sont ivres de vodka, menaçants, ils vous retiennent toute la nuit, ce n'est jamais gagné…

C'est courant, en anthropologie, des femmes qui vont sur des terrains aussi difficiles ?

Voilà une question que j'aborde rarement, parce qu'elle est très sensible. Sur le terrain, c'est plutôt un avantage. Une femme arrivant seule dans une communauté est jugée moins menaçante qu'un homme, surtout un homme blanc. Peu après ma convalescence suite à ma rencontre avec un ours, je suis tombée enceinte. J'ai eu l'occasion de faire des terrains en Sibérie avec ma fille encore bébé. Elle a fait ses premiers pas au Kamtchatka. C'est incroyable comme les portes s'ouvrent quand vous êtes avec un tout-petit. Vous êtes accueillie aussitôt dans l'intimité des femmes, dans une logique de soin. On vous fait des confidences que vous n'auriez jamais pu recueillir autrement. Vous faites partie de la famille, parce que vous et votre enfant êtes vulnérables, parce que vous devez être protégés. Un message intéressant à faire passer, c'est qu'on peut être mère et anthropologue de terrain ! Cependant, au sein de l'Académie, en France, nous devons encore combattre certains préjugés. De telles histoires de vie, de terrain, et le choix de les partager ne sont pas toujours bien vus ni compris. Il faut en faire deux fois plus que les collègues masculins pour que votre compétence soit reconnue !

Vu d'ici, le détroit de Béring a l'air d'un coin reculé… Mais, pour vous, c'est le laboratoire de toutes les crises contemporaines.

La plupart des crises systémiques actuelles se retrouvent en effet dans cette zone, à commencer par l'affrontement entre les États-Unis et la Russie. On appelait la frontière qui passe entre les deux îles Diomède – au centre du détroit, l'une rattachée au district de Tchoukotka, l'autre à l'Alaska – le « rideau de glace ». Des familles iñupiat vivant sur ces îles ont été séparées au moment de l'achat de l'Alaska à la Russie par les États-Unis en 1867, pour la somme dérisoire de 7 millions de dollars. Dans ce milieu extrême, tous les phénomènes sont exacerbés. Il y a des populations autochtones qui ont vécu l'histoire coloniale de manière violente, qui ont subi de plein fouet l'extractivisme, la région étant riche en pétrole, en gaz, en minerais, mais aussi en flore et en faune – comme les baleines qui ont orienté des économies entières. Par ailleurs, ces milieux sont bien plus touchés par le réchauffement climatique que nos zones tempérées. Il y a chaque année de gigantesques feux de toundra, des écroulements dus à la fonte du permafrost, des écarts de température inouïs ; il y règne un sentiment d'urgence que nous n'éprouvons pas encore. Enfin, du côté sibérien, il y a eu un effondrement politique et institutionnel avec la chute de l'URSS. Les Évènes sont au départ des nomades qui suivaient leurs rennes dans des espaces immenses et qui ont été sédentarisés brutalement par l'URSS au sein d'un kolkhoze. Quand le kolkhoze a fait faillite dans les années 1960, les Évènes ont été rassemblés dans la ville d'Esso, et, à la chute de l'URSS, certains d'entre eux, privés de leur emploi de fonctionnaires, ont dû réapprendre à vivre dans la forêt, de chasse, de pêche et de cueillette ; ils ont alors réactivé des traditions dont le fil semblait sectionné.

Les Américains ont mis en avant le concept de *wilderness*, mais, à vous lire, on comprend que le soi-disant « monde sauvage » est la cible des exploitations les plus virulentes, car c'est là que se trouvent les matières premières.

Exactement, et, du côté de l'Alaska, les deux progressent ensemble : on exploite parce qu'on protège, on protège parce qu'on exploite. Chaque fois qu'on ouvre un site d'exploitation, un puits de pétrole ou une carrière, on crée à côté, par compensation, un parc national, ce qui permet d'éteindre les protestations des autochtones et des défenseurs de l'environnement. C'est une dualité que j'ai étudiée dans ma thèse et dans *Les Âmes sauvages*. Quand on regarde la législation, on s'aperçoit qu'on sanctuarise des lieux par compensation. C'est une logique qui fonctionne très bien d'un point de vue institutionnel mais qui est pernicieuse, car elle renforce le modèle extractiviste. Sachant aussi qu'on va plus facilement préserver un territoire qui nous paraît beau, qui présente certaines qualités esthétiques et paysagères, avec des montagnes, des lacs, des rivières, des forêts… Or les plaines côtières du Grand Nord nous semblent planes et ternes. C'est la toundra. On a moins de scrupule à déployer les engins d'extraction et à s'en sortir en justifiant que, juste à côté, le parc national « scénique » et riche en biodiversité est sanctuarisé. Du côté russe, cette logique est répétée, mais force est de constater que l'État est beaucoup plus décomplexé sur la question de l'exploitation !

Les peuples arctiques sont des chasseurs-cueilleurs animistes. Pouvez-vous réexpliquer l'opposition entre *animisme* et *naturalisme* posée par Philippe Descola ?

L'animisme repose sur l'idée que ce que l'on partage avec les autres êtres vivants, c'est l'âme, ou l'*intériorité*, et que ce qui nous distingue, ce sont nos corps, ou nos *physicalités*. Dans certaines circonstances, notamment lors des rituels et des rêves, les âmes des humains et celles des non-humains sont amenées à communiquer, ce qui permet aux humains de faire des choix quant aux trajectoires à emprunter le jour d'après. Le naturalisme, propre à la tradition occidentale, repose sur l'idée inverse : ce qui nous lie aux autres êtres vivants, ce sont nos corps, parce qu'ils sont des produits de l'évolution et que nous avons la biologie en commun, mais ce qui nous différencie, ce sont nos âmes, nos esprits (nos intériorités), parce que nous avons des capacités cognitives différentes. Ainsi, dans la perspective naturaliste, aucune communication n'est envisageable avec les animaux, les plantes, les nuages, les rivières – il y a une extériorité radicale des humains face au reste du monde. C'est ce qui fait que les humains peuvent exploiter ou protéger la nature – il s'agit du même geste, parce que, dans les deux cas, la nature est conçue comme une entité radicalement extérieure à nous.

Certes, mais vous écrivez : « Je hais les tableaux et les schémas », en paraphrasant l'attaque de *Tristes Tropiques* de Claude Lévi-Strauss, « Je hais les voyages et les

explorateurs ». Le terrain vous a-t-il amenée à prendre vos distances vis-à-vis du schéma de Descola ?

La distinction entre animisme et naturalisme est un outil puissant, mais il me semble qu'il convient de replacer l'animisme dans l'histoire, et notamment dans l'histoire coloniale. Ici, il y a un enjeu politique essentiel. En effet, à partir de Lévi-Strauss, le parti pris de l'anthropologie structurale, tradition dans laquelle s'inscrit Descola, est de refuser tout évolutionnisme social, et donc de ne pas raisonner en termes de cultures dominantes et de cultures dominées, en proposant plutôt de les symétriser. Parler d'animisme et de naturalisme comme Descola, c'est en faire deux ontologies, soit deux manières de se rapporter au monde distinctes et d'égale valeur. Sauf que cette proposition théorique fait fi des différences d'échelle, de la colonisation, et demande à être revue à la lumière des études postcoloniales : ce qui s'est passé, concrètement, c'est que le naturalisme a envahi le monde, qu'il domine les autres ontologies et qu'on ne peut pas continuer à le mettre sur le même plan.

Pourquoi la domination du naturalisme est-elle un problème ?

Le naturalisme est un piège, car il ne nous donne que peu de moyens pour affronter la crise écologique. Dans un cadre de pensée naturaliste, nous réfléchissons généralement en termes de maîtrise et de domination, ce qui ne nous laisse que deux options face au réchauffement climatique : le *geoengineering* – la volonté de trouver une solution scientifique et technique au réchauffement, par exemple en dispersant du dioxyde de soufre dans l'atmosphère – ou bien la sanctuarisation de certains territoires. Les animistes, eux, sont habitués à être surpris par les entités non humaines, à ce que celles-ci ne fassent pas ce que l'on attend d'elles, qu'elles débordent tous les cadres…

Vous consacrez un long développement aux personnages de *tricksters*, de « filous », de « tricheurs », présents dans les mythes évènes. Devenir *trickster*, cela vous paraît une bonne stratégie en cas d'effondrement systémique ?

Oui, le *trickster*, c'est, par exemple, le corbeau démiurge qui crée le monde par inadvertance, peuplant les mythes de la côte nord-ouest américaine. Mais le *trickster*, ça peut aussi être le renard, le glouton, le lapin ou le coyote… Le masque du *trickster* n'est jamais stable, et nombre d'espèces l'incarnent. Du côté du Kamtchatka, la zibeline peut être elle aussi considérée comme un *trickster*, même si cette dernière est peu présente dans les mythes : concrètement, elle excelle à marcher à reculons ou à effectuer des trajets absurdes dans la neige, empêchant les chasseurs de remonter à son terrier ; elle incarne l'idée du mythe dans son existence même. Le *trickster* est une figure liminaire, un être qui ne respecte pas les normes. Ces histoires cassent la vision trop hiératique de l'animal-totem : le *trickster* est intelligent mais souvent gauche, il fait des choses extraordinaires mais finit par faire n'importe quoi, il utilise la magie mais se plante. Les *tricksters* rappellent aux humains qu'ils n'ont rien compris, et c'est ce qui les rend intéressants aujourd'hui : ils permettent d'échapper à la notion d'effondrement. Le monde ne s'effondre pas, c'est la maîtrise que nous avons sur lui qui a toujours été illusoire. Ce que ces histoires rappellent à la mémoire, c'est que les êtres vivants ont une créativité insoupçonnée, et que les choses n'iront pas dans le sens que nous désirons : une belle leçon à l'heure actuelle !

Vous évoquez aussi, chez les Évènes, un « optimisme chevaleresque », qui est sans doute une bonne attitude face aux crises. Sur quoi repose cet optimisme ?

D'abord, dans les communautés animistes, qui vivent dans des conditions très rudes, le rapport à l'humour est vraiment important. Nous autres Occidentaux avons tendance, si les choses tournent mal, à tomber dans la mélancolie ou le désespoir. Mais les Évènes utilisent l'humour comme une arme réflexive pour faire face aux turpitudes de l'existence. Ensuite, il y a cette idée que les gestes et les paroles sont performatifs. Ce qu'on dit est entendu, ce qu'on fait est observé – donc, attention à vous ! Les arbres, les animaux, les nuages vous regardent et, si vous faites des choses qui ne vont pas dans le sens de la vie, ils vous en feront payer le prix. Chez les Évènes, on ne parle jamais de ce qui dysfonctionne, on axe la conversation sur le renouveau, la renaissance.

Un matin, vous racontez vos rêves à Daria, une femme évène. Elle vous rétorque que vous n'avez pas vraiment rêvé mais tourné en vous-même. Que veut-elle dire ?

Que j'ai rêvé, mais que mes rêves étaient inintéressants. En réalité, cette nuit-là, j'ai fait des rêves qui correspondent à la compréhension occidentale de l'activité onirique : de Descartes à Freud, nous pensons que les rêves ne sont que des projections mentales, composés de lambeaux de nos souvenirs réassemblés en fonction de notre histoire personnelle et des contingences de nos vies. On a barré l'idée que l'âme puisse sortir du corps pendant le temps du rêve et rencontrer d'autres âmes. Pour les Évènes, comme pour la plupart des collectifs animistes, certains rêves permettent d'entrer en contact avec les puissances extérieures ; il s'agit d'une communication d'âme à âme, qui fait qu'on se trouve au réveil chargé de potentialités qui ne sont pas les nôtres. Seulement, il n'est pas facile d'accéder à ces rêves animiques, c'est l'enjeu d'un long apprentissage.

Voilà un passage de votre livre où l'on se dit : « Tiens, elle a basculé », elle est sortie de l'objectivité propre à la recherche en anthropologie pour adopter les croyances des peuples qu'elle étudiait.

L'objectivité scientifique ? Vous voulez un mythe, mais prenez celui-là ! Les historiens des sciences ont montré comment la catégorie même d'objectivité contemporaine, comprise comme un détachement de leur objet d'étude de savants censément neutres et interchangeables, catégorie qui traverse la rationalité des sciences occidentales (des sciences de la nature aux sciences sociales), avait été construite historiquement au XIXe siècle. Et en tant que chercheuse en sciences sociales, je vous explique au contraire que la manière dont nous pensons que nous rêvons est elle-même une construction culturelle. Dans la tradition occidentale, au Moyen Âge, il existait d'autres conceptions du rêve, attribuant à celui-ci une portée divinatoire. Vous dites que j'ai adopté des croyances. C'était tout l'enjeu de mon livre précédent, *Croire aux fauves* : c'est le récit d'une anthropologue qui fait la rencontre d'un ours, qui la laisse avec des cicatrices profondes au visage et une identité morcelée. Durant cette période, j'ai fait des rêves animiques, donc je sais que ça existe, que c'est un registre d'expériences accessible. Vous dites que j'ai basculé. La réalité est que tous les anthropologues de terrain basculent à un moment ou à un autre, sont affectés. Quand on est anthropologue, on fait des expériences avec son corps, avant de les traiter avec son intellect. Demandez à ceux qui ont pris de l'*ayahuasca* avec les Indiens d'Amazonie s'ils n'ont pas basculé. Et même sans psychotrope : faire *sérieusement* son métier d'anthropologue, pousser à son terme la rationalité qui sous-tend nos pratiques de chercheurs, c'est se décentrer, saisir que notre représentation du monde, nos schémas occidentaux ne sont pas les uniques outils de compréhension à notre disposition. Alors, bien sûr, ensuite, on revient chez soi, on écrit, on fait tout rentrer dans des cases. Mais c'est un choix, et il y a deux types d'anthropologues : ceux qui font semblant d'être objectifs et détachés, et ceux qui, à l'instar d'un Bruce Albert écrivant un livre à quatre mains avec le chamane d'Amazonie Davi Kopenawa, assument d'avoir été modifiés par leur terrain, d'être devenus différents, et présentent de manière authentique ce qu'ils ont vécu.

Ultime objection : si la réponse évène aux crises systémiques consiste à retourner vivre dans les forêts et à braconner, n'est-ce pas celle qu'on sera obligé d'adopter si tout s'écroule et qu'il n'y a plus rien à manger dans les magasins ? N'est-ce pas l'option de réserve, dans le pire des cas, plutôt qu'un idéal ?

Vous avez là une vision *a minima* de la réponse évène ! Parce qu'une autre manière de comprendre les enjeux actuels, c'est de montrer que les crises systémiques font éclater les cadres de pensée dominants, qu'elles nous invitent à cesser de nous arc-bouter sur les vieilles idées dont nous avons hérité. Quand les formes instituées se défont, c'est inquiétant, on n'est pas loin du chaos, mais les collectifs animistes nous montrent qu'il y a là une possibilité d'entrer en contact avec des puissances et des flux qui circulent sous les formes. Ainsi, une manière plus ambitieuse de concevoir la réponse évène est d'œuvrer à un changement d'ontologie. Vous pouvez décider, demain, d'aller chanter au bord de la rivière et d'actualiser l'idée que la rivière vous écoute. Ou vous pouvez vous mettre, en y travaillant, à rêver avec les êtres vivants qui vous entourent. Daria m'a dit qu'après l'effondrement de l'URSS, les esprits étaient revenus. Vous ironisez sur le braconnage, alors que j'essaie de pointer la possibilité d'une métamorphose, quand même plus excitante à imaginer et à expérimenter que les récits catastrophistes dont nous abreuvent certains Modernes en proie à la désespérance.

Cet entretien a été réalisé par Alexandre Lacroix et publié dans Philosophie magazine *en septembre 2022.*

En France, le droit à l'avortement met en jeu la disponibilité sexuelle des femmes

Manon Garcia

Au lendemain de la décision de la Cour suprême américaine de revenir sur le droit à l'avortement, la philosophe Manon Garcia, autrice de La Conversation des sexes, *prend à revers l'idée qu'en France l'égalité et l'autonomie des femmes sont définitivement assurées. Loin d'être absente, la misogynie, qui confine les femmes à leur rôle de mère aux États-Unis et cherche à les empêcher d'avorter, se décline ici sous la forme de leur disponibilité sexuelle, grâce à l'avortement et à la contraception. CQFD.*

La Cour suprême des États-Unis a décidé, vendredi 24 juin, de mettre fin à l'autorisation fédérale de recourir à l'avortement. Cette décision est une catastrophe pour les femmes et pour toute personne qui possède un utérus, et qui pourrait avoir besoin d'une interruption volontaire de grossesse (IVG) dans ce pays, car elle ouvre la porte à la pénalisation de l'avortement dans la moitié des États (selon l'institut Guttmacher, vingt-six États pourraient l'interdire).

Elle est aussi catastrophique pour la démocratie américaine. Noah Feldman, professeur de droit constitutionnel à l'université Harvard, la qualifie même de « suicide institutionnel » de la part de la Cour suprême, tant elle remet en cause sa légitimité : au lieu de garantir les droits des individus contre d'éventuelles intrusions étatiques, elle s'occupe désormais de priver les personnes de droit. Il ne fait pas beaucoup de doute, de ce côté de l'Atlantique, que cette décision est une extrême mauvaise nouvelle à tout point de vue.

Pourtant, l'unanimité apparente des condamnations de cette décision en France ne doit pas masquer une réalité plus complexe que l'image simpliste d'un pays féministe, contre des États-Unis qui s'enfonceraient dans un conservatisme religieux et sexiste.

Tout d'abord, même s'il est vraisemblable que les députés voteront dans les prochains jours l'inscription du droit à l'avortement dans la Constitution, l'accès à l'IVG en France est loin d'être garanti de manière égale selon les territoires et les classes sociales. Et la sous-dotation de l'hôpital public rend cet accès de plus en plus difficile.

En outre, devant la défense du droit à l'avortement sur Twitter par Damien Abad – mis en cause pour viol par plusieurs femmes et nommé ministre par Élisabeth Borne –, on ne peut s'empêcher de s'interroger sur une possible instrumentalisation de cette décision américaine par le gouvernement. Serait-ce, en partie, une occasion de faire oublier les accusations de violences sexuelles contre trois membres du gouvernement, M. Abad, Gérald Darmanin et Chrysoula Zacharopoulou ? Il est sans doute moins coûteux d'inscrire l'avortement dans la Constitution que d'investir massivement dans l'hôpital public, ou de constituer un gouvernement exemplaire sur les violences sexuelles.

Outre ces considérations politiques, le fait que le droit à l'avortement semble faire l'objet de très peu de débats en France, alors qu'aux États-Unis les conservateurs antichoix ont réussi à en faire la question déterminant le clivage gauche-droite, nous invite à l'optimisme. Il serait tentant d'y voir le signe que la France respecterait bien davantage le droit des femmes à disposer de leur corps et à choisir pour elles-mêmes, que nombre de conquêtes féministes seraient désormais des acquis.

Différences culturelles

Si le droit à l'avortement en France est indéniablement un acquis crucial de la lutte des féministes pour l'autonomie des femmes, cela ne signifie pas pour autant que le droit des Françaises à disposer de leur corps fasse pour autant l'unanimité. Il est probable que la différence entre la France et les États-Unis sur la question de l'avortement s'explique au moins, en partie, par des disparités culturelles qui font que la misogynie s'exprime différemment entre les deux pays. Le droit à l'avortement ne fait pas fondamentalement obstacle à la façon dont la misogynie s'exprime dans la culture française, alors qu'il va à l'encontre des attentes misogynes les plus répandues aux États-Unis.

En effet, lorsqu'on analyse philosophiquement le droit à l'avortement, on peut choisir de voir, dans une décision d'avorter, principalement le refus d'être mère, ou principalement la possibilité d'une déconnexion de la sexualité et de la parentalité, donc éventuellement un moyen de permettre aux hommes de jouir du corps des femmes sans conséquences. Simone de Beauvoir en son temps montrait déjà que les représentations sexistes de la féminité sont tiraillées entre le mythe de la femme comme mère nourricière affectueuse et celui de la femme comme amante, comme objet de désir. Les différentes cultures accordent un poids plus ou moins important à ces représentations, et il est clair que chez les évangéliques conservateurs américains, la vision de la femme comme mère pure triomphe sur la représentation de la femme comme corps à posséder sexuellement.

Plus largement, la place plus grande accordée à la religion et une certaine réserve sur la sexualité font qu'aux États-Unis la féminité et la maternité sont beaucoup plus intimement liées qu'en France, où les rapports entre les individus sont beaucoup plus volontiers sexualisés. Un exemple frappant de ce contraste se trouve dans les recommandations faites aux femmes venant d'accoucher : alors qu'aux États-Unis les médecins sont formels, tout rapport pénétratif dans les six semaines après un accouchement est déconseillé, les femmes françaises sont invitées – par le pédopsychiatre star Marcel Rufo, dans *Élever son enfant* [avec Christine Schilte, Hachette Pratique, 2015], par exemple – à accueillir les supposés besoins de leur mari aussi vite que possible, sans quoi elles risqueraient qu'il aille voir ailleurs et qu'il jalouse l'enfant.

Consentement sexuel verbalisé

Pour le dire autrement, au lieu de se contenter de l'idée simpliste selon laquelle les Américains seraient des réactionnaires ridicules d'obscurantisme face à une civilisation française qui porterait haut l'égalité des sexes et l'autonomie féminine, il convient de complexifier l'analyse pour déceler différentes formes de misogynie. La philosophe australienne Kate Manne affirme que la domination masculine confère aux hommes un « *sense of entitlement* », que l'on pourrait traduire par « sentiment que toute chose nous est légitimement due », en particulier dans leur relation aux femmes.

Les hommes sont socialisés à penser que les femmes doivent laver leurs chaussettes, porter et élever leurs enfants, leur rendre tout un tas de services, et être à leur disposition sexuelle. Si l'on se représente qu'une femme est avant tout une mère qui a vocation à porter les enfants de l'homme sans avoir son mot à dire, le droit des femmes à avorter, donc à choisir éventuellement de ne pas porter un enfant, est insupportable. Mais si l'on attend d'abord des femmes d'être disponibles aux désirs sexuels des hommes, la contraception et l'avortement permettent à ces hommes de ne pas risquer les devoirs, au moins financiers, de la paternité.

Les États-Unis acceptent sans trop de difficulté la nécessité pour le consentement sexuel d'être verbalisé, au risque que l'accès sexuel des hommes au corps des femmes et des autres hommes soit diminué, tandis que cette idée rencontre bien plus de résistances en France. À l'inverse, le droit des femmes à choisir d'être ou non mères est bien plus insupportable aux réactionnaires étasuniens qu'aux Français.

Plutôt que de se gargariser de notre supposée supériorité sur les Américains, peut-être pourrions-nous concentrer nos efforts sur la lutte pour une réelle accessibilité de l'avortement en France et contre la culture du viol, qui remet chaque jour en question le droit des femmes de choisir pour elles-mêmes.

Cet article a été publié dans Le Monde *le 28 juin 2022 sous le titre original « Le droit à l'avortement ne fait pas obstacle à la façon dont la misogynie s'exprime dans la culture française ».*

Comment les réfugiés renforcent la démocratie et la solidarité

Ashwini Vasanthakumar

Comment faire face à la crise migratoire mondiale qui, de la guerre en Ukraine aux famines africaines en passant par les réfugiés climatiques, s'aggrave chaque année un peu plus ? Comment, en particulier, surmonter les attitudes xénophobes qui se réveillent par temps de crise ? La réponse apportée consiste souvent à affirmer – à juste titre – que les migrants ne sont pas un poids mais une chance pour l'économie des pays hôtes. Mais cette rhétorique réduit l'exilé à une ressource, souligne la politologue singapourienne Ashwini Vasanthakumar. Il faut aller plus loin : quand cesse le rejet, quand ils sont intégrés aux communautés qui les accueillent, les migrants participent activement à la revitalisation de la vie politique.

L'été dernier, tandis que l'Afghanistan tombait aux mains des talibans, la population afghane se vit exhortée à se battre pour la démocratie. Le président d'alors, Ashraf Ghani, demanda aux civils de défendre le « tissu démocratique » du pays, tandis que Biden, avec un haussement d'épaules, se contenta de dire au sujet des troupes afghanes : « Ils doivent se battre pour eux-mêmes, pour leur nation. » Quelques jours plus tard, Ghani fuyait le pays ; quelques semaines plus tard, les étrangers – le personnel militaire, les missions diplomatiques et les employés des ONG internationales – partaient aussi, abandonnant les Afghans à un futur incertain sous le régime taliban.

Contrairement à Ghani, le président ukrainien Volodymyr Zelensky est resté en Ukraine pour résister à l'invasion russe. Alors qu'on lui proposait de l'évacuer, Zelensky aurait répondu : « J'ai besoin de munitions, pas d'un taxi. » Et la détermination de citoyens ordinaires à rester pour se battre, comme le souligne Michael Walzer, est révélatrice de leur grande loyauté envers l'Ukraine.

Le courage des civils en temps de guerre et d'occupation, de l'Afghanistan à l'Ukraine, est pour nous à la fois une leçon d'humilité et une source d'inspiration. Cependant le désastre humanitaire engendré par ces conflits oblige nombre d'entre eux à s'enfuir, et il est important de reconnaître qu'il ne s'agit pas là d'un acte d'abandon. Dans les faits, quitter leur pays déchiré par la guerre peut permettre aux réfugiés de continuer la résistance depuis l'étranger. Et sous réserve qu'ils puissent bénéficier d'un statut, de droits et de ressources qui leur garantissent une certaine sécurité, les réfugiés peuvent devenir les artisans d'une « politique par le bas », pouvant aider à réparer le tissu démocratique du pays qu'ils ont quitté.

Albert Hirschman, qui combattit dans la guerre d'Espagne et aida des réfugiés juifs à fuir la France occupée, identifia dans sa fameuse formule « *exit, voice, and loyalty*[1] » (« défection, prise de parole et loyauté ») les options qui s'offrent aux citoyens insatisfaits : ils peuvent fuir ; rester et se plaindre ; rester et se résigner. Bien que ces options fussent initialement théorisées comme inconciliables, les relations entre les attitudes de fuite, de protestation et de résignation s'avèrent bien plus complexes.

Cette relation complexe devient évidente dans un contexte de migration. La défection peut refléter la loyauté

1. Albert O. Hirschman, *Défection et prise de parole. Théorie et applications*, Paris, Fayard, 1995.

à une certaine vision constitutionnelle de la société – qui serait menacée, ou restant à bâtir. Et la défection est souvent indispensable à la prise de parole : pour partager des informations, critiquer le régime du pays d'origine, et défendre des idéaux politiques alternatifs.

Les réfugiés sont une source essentielle d'informations, surtout quand l'usage des réseaux sociaux ou d'autres formes de communication sont restreints dans le pays qu'ils ont fui – comme cela a été le cas sous le régime des talibans –, quand les tirs d'artillerie rendent la communication avec le front impossible, ou quand les infrastructures de communication ont été prises pour cibles. Non seulement les réfugiés fournissent des informations plus récentes sur les endroits qu'ils ont quittés, mais ils peuvent aussi faire le lien entre les personnes restées au pays et les médias et associations de défense à l'étranger. Cela s'avère particulièrement crucial dans les zones auxquelles les journalistes ont un accès limité : l'Afghanistan, le Xinjiang, où le gouvernement chinois persécute les Ouïghours et d'autres minorités, et la zone de conflit dans la région du Tigré en Éthiopie.

Les réfugiés apportent également des perspectives critiques sur le régime qu'ils ont fui. Depuis la relative sécurité offerte par l'exil, ils peuvent parler plus librement, s'engager de manière plus significative, exprimer des critiques et récriminations qui seraient réprimées dans leur pays d'origine. L'exil peut favoriser l'égalité, renversant de vieilles hiérarchies et permettant aux points de vue marginalisés dans leur pays d'origine – par exemple celui des femmes ou d'autres groupes – d'être plus facilement partagés et mieux pris en considération.

Enfin, l'ouverture impliquée par l'exil facilite l'organisation. L'opposition politique, comme l'Afghan Women's Parliamentarians Network (Réseau des femmes afghanes parlementaires) actuellement installé en Grèce, peut se réunir pour réfléchir à la marche à suivre, et de nouvelles alliances et associations peuvent se créer pour concevoir des formes de vie politique alternatives. Les alliés européens et américains ont déjà échangé pour savoir comment soutenir un gouvernement ukrainien en exil, ce qui s'avérerait essentiel pour assurer une voix légitime à une Ukraine libre, dans l'éventualité où Vladimir Poutine installerait un régime fantoche.

Il ne s'agit pas de peindre un tableau trop rose des entreprises politiques des réfugiés ; ils ne jouent pas toujours ces rôles émancipateurs. Les réfugiés sont souvent traumatisés par les épreuves qu'ils ont endurées, ou restent sujets à des menaces, même en exil, et n'ont pas les moyens ou l'envie de s'impliquer dans les affaires du pays qu'ils ont fui. Puisque ceux qui ont l'envie et les moyens de partir vivent souvent dans des conditions différentes de ceux qui choisissent ou sont contraints de rester (par exemple parce qu'ils ne disposent pas des ressources ou réseaux qui rendraient leur migration possible), les réfugiés politiquement engagés peuvent poursuivre des idéaux ne trouvant pas beaucoup d'écho chez leurs concitoyens. Les réfugiés s'engagent parfois dans la voie politique moralement hasardeuse du « nationalisme à longue distance » où, par exemple, ils participent au soutien des conflits armés, en fournissant des armes et un appui diplomatique, loin du front.

Résultat : les réfugiés sont facilement rejetés, considérés comme des révolutionnaires par procuration et des fauteurs de troubles ; certains pays ont même essayé de limiter les droits politiques des réfugiés et demandeurs d'asile. C'est faire fausse route. Les réfugiés ont besoin de plus d'autonomie politique, pas moins, et les tierces parties – les pays d'accueil, la société civile et les ONG internationales – devraient favoriser plutôt que réfréner les rôles vitaux que les réfugiés jouent dans leur pays d'origine.

En premier lieu, les réfugiés ont besoin de droits et de ressources, ce qui inclut des routes sûres pour venir les demander. Il leur est impossible sans cela de mener une vie digne, disposant des conditions minimales de décence : ils sont relégués aux marges de la société, et risquent l'emprisonnement dans des centres de détention, des camps ou des centres d'hébergement isolés. Ils ne peuvent pas suivre des études, avoir un travail, une vie de famille – et encore moins s'investir politiquement dans les affaires de leur pays d'origine. Perpétuer cette errance dans les limbes est un affront aux valeurs de décence et de dignité, et à l'État de droit.

Deuxièmement, les parties tierces doivent agir de façon solidaire avec les réfugiés, accorder de l'attention à leurs points de vue sur ce qui se passe dans leur pays, sur les formes d'aide et les solutions pertinentes, et comment les mettre en œuvre. Il va sans dire que les réfugiés ne seront pas d'accord entre eux sur les réponses à ces questions délicates, mais leurs visions souvent bien informées sont généralement ignorées par les acteurs puissants de l'étranger et les acteurs armés dans leur pays.

Plus spécifiquement, agir de façon solidaire avec les réfugiés évite que les acteurs des pays d'accueil ne les traitent comme des pions pouvant servir leurs propres intérêts stratégiques. Cela inclut la tendance à attirer l'attention sur la contribution économique que les réfugiés apportent à leur pays d'origine : les législateurs traitent souvent les réfugiés comme des ressources qu'ils peuvent utiliser pour poursuivre divers buts économiques et politiques, sans reconnaître en eux des agents politiques qui ont le droit de s'exprimer quant à la détermination de ces buts et les moyens à déployer pour les atteindre.

Il importe de noter que les réfugiés contribuent aussi à la vie politique de leur pays d'adoption, ce que les débats sur les coûts et les bénéfices liés à l'accueil des réfugiés ignorent largement. Tout d'abord, les réfugiés peuvent apporter d'utiles nuances au discours politique dans leur pays d'accueil. Ils peuvent mettre en lumière la nature du lien, passé et présent, qui existe entre leurs pays d'origine et d'accueil et le rôle historique que les États qui en rejettent aujourd'hui la responsabilité ont joué dans l'origine des crises qui les ont forcés à fuir.

Ce faisant, les réfugiés peuvent redonner force aux mouvements de lutte contre le racisme et la pauvreté dans leur pays d'accueil, contribuer à cultiver une solidarité transnationale avec d'autres citoyens marginalisés faisant face aux héritages de l'impérialisme, au racisme, à l'islamophobie et à la dépossession économique.

Et enfin, les réfugiés peuvent fortifier des systèmes de valeur apparaissant à l'échelle mondiale. Les Latino-Américains qui fuyaient les régimes autoritaires au milieu du XXe siècle ont joué un rôle central dans la promotion d'un discours mondial sur les droits humains qui a foncièrement réorienté la politique mondiale et continue de façonner le monde aujourd'hui.

Hannah Arendt décrivit autrefois les réfugiés comme des « messagers de malheur », écrivant[1] que « ce n'étaient pas seulement leurs propres malheurs que les réfugiés emportaient avec eux de pays en pays, de continent en continent, mais le grand malheur du monde entier ». Les messages de malheur d'Arendt concernaient les dangers du nationalisme ; aujourd'hui les réfugiés nous mettent en garde contre l'autoritarisme qui monte, la mésaventure impériale, l'extrême pauvreté et le désastre climatique – des phénomènes corrélés qu'aucune frontière ne tiendra à distance et auxquels nous sommes tous, au bout du compte, exposés.

Les pays européens et leurs citoyens ont manifestement une capacité d'identification au sort des réfugiés à géométrie variable. En réponse à l'invasion de l'Ukraine par la Russie, l'Union européenne a activé sa directive de protection temporaire pour la première fois ; Ylva Johansson, la commissaire aux Affaires intérieures de l'UE, a déclaré : « Des millions d'autres fuiront et nous devons les accueillir. » Cette réponse s'écarte nettement du traitement par l'UE des autres réfugiés, et révèle, entre autres, qu'il est possible de répondre à d'importants flux de réfugiés d'une

1. Hannah Arendt, *Vies politiques*, Paris, Gallimard, coll. « Tel », 1974, p. 215.

manière respectueuse de leur dignité et de leur capacité d'action. Il est donc avéré que les crises liées aux réfugiés sont en partie le produit de la qualité des réponses apportées par les sociétés d'accueil.

Le traitement réservé aux réfugiés ukrainiens semble motivé par le sentiment que si les Ukrainiens peuvent être des réfugiés, alors n'importe qui peut l'être, et par le fait que ce qui fait fuir les Ukrainiens menace aussi des choses chères aux démocraties libérales. Mais cela est vrai de la plupart des réfugiés. Les Afghans, par exemple, fuient l'autoritarisme et la violence généralisée que des décennies de guerre et d'occupation étrangère ont apportés, ainsi que la sécheresse et l'insécurité alimentaire chronique entraînées par le changement climatique et exacerbées par des sanctions punitives.

En définitive, les réfugiés d'Afghanistan, d'Ukraine ou d'autres conflits ne sont pas de simples messagers venant mettre en garde contre les crises auxquelles ils ont échappé de justesse ; ils peuvent aussi inspirer de nouvelles façons de penser les communautés, le sentiment d'appartenance et les frontières, et peuvent être les artisans d'une réparation et d'une reconstruction politiques, dans leur pays d'origine et à l'étranger.

Traduit de l'anglais par Sonia Baudry et relu par Laurent Vannini.

Cet article a été publié par The New Statesman *le 18 mars 2022 avec pour titre original « How Refugees Strengthen Democracy and Solidarity ».*

L'humanité peut-elle abandonner la nature ?

Lauren Holt

Et si nous avions l'obligation, chaque fois que nous produisons des biens technologiques, de compenser cette dépense en investissant une énergie équivalente dans l'entretien ou le réensauvagement de la biodiversité ? C'est la piste concrète que propose la spécialiste des risques environnementaux Lauren Holt, qui se veut aussi une alternative métaphysique au découplage entre la technique et la nature que promeut le transhumanisme. Car il s'agit d'instaurer une sorte d'équilibre entre la quantité totale de choses produites par la nature et celles produites par l'humanité.

Dans les premières minutes du film de science-fiction *Blade Runner 2049*, une voiture de police survole un paysage transformé par l'agriculture synthétique. Des miroirs disposés de façon concentrique pour capter l'énergie solaire pointent et s'inclinent vers des tours centrales comme des fidèles à La Mecque, cercle après cercle s'étendant au loin. Plus loin, une mosaïque de fermes d'intérieur recouvertes de plastique occupe chaque centimètre de terrain, scintillant dans la lumière terne du soleil comme les facettes d'un émail craquelé. À l'intérieur de l'une de ces cellules, un ouvrier vêtu d'une combinaison de sécurité prélève une poignée de larves d'insectes qui se tortillent dans un bassin d'un vert trouble. Nous apprenons que ces techniques agricoles ont sauvé l'humanité de la famine causée par l'effondrement écologique au milieu des années 2020. La planète entière est ravagée, n'hébergeant plus que des reliques très convoitées de « vrais » organismes dans un climat dysfonctionnel caractérisé par une poussière sèche. Pourtant les humains survivent, ils prospèrent même : il ne reste peut-être plus rien de sauvage, mais ils sont capables de créer des animaux « réplicants » parfaitement conçus pour remplacer les vrais organismes. Le « cordon ombilical » métaphorique reliant la survie de l'homme et la biosphère a bel et bien été coupé.

En 2020 et 2021, alors que le monde luttait contre la pandémie de Covid-19, j'ai réfléchi à cette sombre description dans le cadre de mon travail au Centre for the Study of Existential Risk (CSER) de Cambridge, au Royaume-Uni. Je me suis demandé à quoi pourrait ressembler l'avenir une fois que l'humanité aurait vaincu la Covid-19 et que la crise climato-écologique ressurgirait dans nos préoccupations. Si la grave dégradation de l'environnement se poursuit, on peut imaginer que les humains, par nécessité, se découpleront d'une biosphère qui aura cessé de fonctionner. Je ne cessais de penser aux déclarations du chercheur en systèmes complexes Brad Werner, lors d'une importante conférence scientifique en 2012. Dans un exposé intitulé « Is Earth F**ked? » (« La planète est-elle foutue ? »), il expliquait que le capitalisme mondial, aidé par la technologie, « avait rendu l'épuisement des ressources si rapide, si pratique et si exempt d'obstacles que les "systèmes Terre-homme" en étaient devenus dangereusement instables ».

Et si, comme le suggère Werner, la Terre était vraiment en danger et que les systèmes naturels de la planète étaient voués à s'effondrer et à disparaître ? Développerons-nous des systèmes de secours artificiels pour les remplacer, comme dans *Blade Runner* ? Et si oui, à quoi pourrait ressembler ce monde ? Ces questions m'ont amenée à publier un article sur les conséquences et les dangers de la rupture du cordon ombilical entre l'homme et la biosphère et sur la façon dont ce processus pourrait avoir déjà commencé. L'humanité est déjà sur la voie du découplage des systèmes naturels. Si nous voulons éviter les pires scénarios de cette trajectoire, que pouvons-nous faire ?

Face à l'effondrement imminent des systèmes naturels de la Terre, le discours sur le découplage n'est plus de la science-fiction. Dans certains cas, il se manifeste par des « solutions » toujours plus complexes pour préserver notre quête d'une vie meilleure. Par exemple, les scientifiques ont commencé à imaginer des moyens de synthétiser les « services écosystémiques » tels que la pollinisation ou d'autres processus naturels qui profitent à la société humaine. Dans le domaine de la production alimentaire, ils tentent de faire pousser des cultures sous une lumière artificielle souterraine, de cultiver des microalgues, des mycoprotéines et des vers de farine dans des bioréacteurs et d'introduire des gènes modifiés pour accroître la résilience des espèces agricoles aux changements environnementaux.

Le découplage proposé est aussi présenté comme une forme d'évasion. Le « métavers », par exemple, promet une forme d'évasion spatiale, professionnelle et récréative de l'espace physique : pourquoi visiter une forêt ou un lac pollué quand on peut accéder depuis chez soi à une simulation numérique quasi parfaite d'un endroit propre ? Ailleurs dans la Silicon Valley, des technologues et des milliardaires parlent de la nécessité d'abandonner complètement une Terre dégradée et commencent timidement à développer des vaisseaux spatiaux destinés à la planète Mars.

Même si nous ne nous séparons pas physiquement de la nature à ce point, un futur technologiquement adapté où le monde est conçu et modifié en fonction de nos actions est considéré par certains comme acceptable, voire nécessaire, pour faire face aux conditions difficiles de l'avenir. La technologie est ainsi considérée comme le seul moyen d'échapper aux catastrophes futures, étant donné les délais terriblement courts qui nous sont imposés. Même une réduction ou une limitation généralisée de l'activité humaine, telle que nous venons de la connaître avec les confinements à l'échelle planétaire, n'a que peu d'effet sur les émissions de gaz et autres pratiques destructrices.

Certains peuvent penser que le découplage ne doit pas être une préoccupation. La menace d'un monde exclusivement humain et technologique ne serait pas une dystopie pour beaucoup. Les partisans du transhumanisme, par exemple, imaginent un avenir où les humains auront transcendé leur état actuel pour se combiner avec la technologie – dans les cas les plus extrêmes, ils se transforment en êtres numériques téléchargés. Ce n'est pas mon point de vue, mais par le passé, j'ai pu me laisser séduire par le transhumanisme « vert » tel qu'il est présenté par l'autrice et féministe Donna Haraway. Dans cette perspective, plutôt que de chercher à préserver les systèmes naturels, nous pourrions au contraire nous intégrer génétiquement à la biosphère, de sorte que l'humain et la nature soient tous deux transformés. J'y ai vu une tentative de préserver les espèces menacées d'extinction en agissant comme des ponts biologiques lancés vers le futur, ou une sorte de splendide annihilation dans une future écologie bizarre.

Cependant, un monde à la *Blade Runner* qui ne contiendrait que des humains et de la matière technologiquement transformée sous leur contrôle serait une nature sauvage de machines plutôt qu'une nature organique. Dans ce futur, le transhumanisme vert ne serait même pas possible. Soit il n'y aurait plus rien à absorber, soit les éléments précieux de la biosphère seraient entièrement absorbés par nous, assimilés et modifiés, appropriés, et le reste disparaîtrait.

Compenser la complexité

Partant de là, où allons-nous ? Existe-t-il des alternatives aux formes les plus extrêmes de découplage ? Il n'y a pas de réponses faciles, mais je voudrais proposer une idée.

Permettez-moi de vous présenter un outil conceptuel, une métaphore pour explorer cet espace. Imaginez un gradient qui représente toute la complexité matérielle du monde, avec la complexité extrême de la matière « auto-organisée » à une extrémité et la matière consciemment « fabriquée » à l'autre. Ainsi, à cette dernière extrémité, on pourrait trouver, par exemple, la structure humaine la plus délicate et la plus finement élaborée (une IA ou un superordinateur, par exemple), et à l'autre extrémité, l'écosystème le plus sauvage et le plus diversifié. Un point médian pourrait représenter quelque chose de vivant mais hautement modifié et contrôlé, comme une monoculture ou un jardin d'ornement.

Ce gradient sert d'outil conceptuel pour relier les différentes parties du spectre de l'existence matérielle. À l'époque moderne, on a assisté à un déclin rapide de la complexité naturelle auto-organisée et à une augmentation substantielle de la complexité créée par l'homme. Une forêt est transformée en mine, puis en électronique. Des billions d'organismes sont utilisés comme nourriture et décomposés pour alimenter les corps humains et les inventions. Des gratte-ciels s'élèvent, des économies sont créées, des terres sont rasées ou des écosystèmes complexes sont remplacés par des écosystèmes plus simples. En raison de cette activité, 68 % de la biodiversité a disparu depuis 1970, et la quantité de matériaux fabriqués par l'homme, notamment le béton, le plastique et les briques, dépasse désormais la masse totale de matière biologique sur la planète.

Mais que se passerait-il si le créateur de chaque nouvelle chose « faite par l'homme » avait l'obligation de créer son opposé sur ce gradient ? Par exemple, une forme d'investissement dans la biodiversité ou de réensauvagement instiguée lorsque quelque chose est ajouté du côté de l'ingénierie. Il y a une profonde symétrie dans l'idée que toute complexité construite ou créée d'un côté doit être également remplacée ou protégée de l'autre pour que le système reste stable.

La compensation n'est pas une idée nouvelle et je n'ai nulle intention de m'en attribuer le mérite. Nous avons surtout l'habitude de la rencontrer dans le contexte des voyages aériens : vous pouvez payer une entreprise pour qu'elle plante des arbres émetteurs de CO_2. En termes de compensation des émissions de carbone, les arbres sont de bons candidats pour être à l'opposé de la pollution des voyages aériens sur le gradient décrit ci-dessus, même si cette pratique présente actuellement des problèmes tels que le décalage dans le temps de la séquestration du carbone et les effets négatifs de la monoculture d'arbres. Cependant, alors que la pollution ou les dommages environnementaux illégaux font parfois l'objet d'amendes ou de taxes, la compensation est rarement envisagée pour des processus autres que la production de carbone, et les prélèvements directs sur la nature par de nouvelles créations humaines ne sont pas « tarifés ».

Une autre catégorie bien établie de compensation consiste à réserver des terres pour des parcs nationaux, à créer des ceintures vertes pour contenir les villes, ou des réserves naturelles pour préserver des écosystèmes précieux. Dans ce cas, cependant, ces programmes sont souvent mis en œuvre par les gouvernements et il existe souvent un lien moins direct entre les constructeurs d'objets manufacturés, tels qu'un nouvel immeuble d'habitation ou une usine, et les zones de régénération ou de réensauvagement. Si les efforts nationaux peuvent avoir un impact, il serait stimulant de voir la charge de la restauration retomber de manière plus significative sur ceux qui déséquilibrent directement le système. Par exemple, le gouvernement britannique a récemment introduit une législation sur le gain net en biodiversité (BNG) selon laquelle tous les nouveaux développements doivent apporter une amélioration de 10 % de la biodiversité locale.

Ailleurs, des expériences de compensation de plus grande ampleur commencent également à voir le jour. Pour prendre un exemple précis, une étude récente menée par Katie Devenish, de l'université de Bangor, et ses collègues a révélé qu'une exploitation minière à Madagascar avait réussi à compenser la perte de forêt causée par sa nouvelle mine en ralentissant la déforestation ailleurs dans le pays.

Il existe également des projets récents fondés sur les principes dits de « nature positive », qui visent à renforcer la résilience écologique et à inverser les pertes. Operation Wallacea, une organisation de recherche sur la biodiversité et le climat, a conçu des crédits de biodiversité pour retracer les améliorations tangibles de la biodiversité dans une zone donnée et pour développer une norme internationale de crédits de biodiversité qui pourraient être échangés de la même manière que les crédits carbone.

Je sais bien que la compensation n'est pas une panacée et qu'elle peut aussi créer des problèmes moraux. L'écrivain et environnementaliste George Monbiot, par exemple, a comparé la compensation à la vente d'indulgences par l'Église catholique au XVIe siècle, lorsque les pécheurs pouvaient payer pour annuler leurs mauvaises actions. Il est vrai que cette idée présente le risque de faire du *greenwashing* ou de donner le feu vert à des processus nuisibles, mais je dirais que tout acte de remplacement, et de préférence égal, vaut mieux que rien.

Une vérité de longue date

Outre les avantages pratiques, je pense qu'il pourrait y avoir des raisons plus profondes d'adopter une approche visant à équilibrer la complexité humaine de cette manière, enracinée dans des idées humaines intemporelles. En réfléchissant à la métaphore du gradient, quelque chose dans les deux types de complexité matérielle – l'ingénierie humaine extrême d'une part, et la sauvagerie organique totale d'autre part – m'a rappelé le concept de plénitude psychologique, l'équilibre entre les éléments conscients et inconscients de la psyché. Dans les histoires et le symbolisme, l'idée d'équilibrer et de combiner les opposés apparaît continuellement depuis des milliers d'années dans les mythologies, les religions et les philosophies du monde entier. Selon les anciens principes du taoïsme, du noir et blanc du yin et du yang naissent les « 10 000 choses » : toutes les espèces animales, les humains, toute la vie, la matière et toute forme de technologie. Les Grecs anciens ont conceptualisé Dionysos et Apollon : les dieux du plaisir dans la débauche et de la bienséance éclairée, respectivement. Il n'était pas encouragé de vivre une vie purement de l'un ou de l'autre et, comme Friedrich Nietzsche l'a souligné, la fusion des modes dionysiaque et apollinien de l'être est ce qui crée les tensions dramatiques ou les significations dans ce monde. Le principe des opposés sous-tend même les philosophies et les expériences de l'alchimie antique, la purification et la combinaison des opposés étant considérées comme un but ultime.

Dans ces exemples, dire qu'il y a des opposés ne signifie pas que l'un est mauvais et l'autre bon. Cela signifie plutôt que le haut ne peut exister sans le bas, la matière sans l'antimatière, et que la vie ne pourrait exister sans la mort. Si cette sagesse revient sans cesse dans le folklore, dans la mythologie et dans une multitude de symboles, c'est parce qu'elle reflète une vérité importante. Nous serions donc bien avisés de tenir compte de son message et de nous préoccuper de l'existence continue des opposés et du jeu dynamique qui s'opère entre eux. En d'autres termes, même pour ceux qui n'aiment pas passer du temps dans la nature, et même si nous trouvions un moyen de ne pas dépendre d'elle pour notre survie – par exemple en créant des systèmes artificiels qui nous maintiendraient dans un état découplé –, la décision de favoriser un équilibre entre la technologie et la nature s'aligne sur des valeurs humaines ancrées depuis longtemps dans de nombreuses sociétés.

Les humains n'ont pas besoin de contrôler les processus de vie dans chaque coin du monde, jusqu'aux brins d'ADN, pour forcer le système terrestre à absorber les chocs de notre présence. Pour un meilleur avenir, ils pourraient se transformer en « alchimistes » du système terrestre, en créant des zones de « haute modernité » mais en contrebalançant leur création par leur opposé naturel, en laissant les zones abandonnées se régénérer.

Le sociobiologiste E. O. Wilson a suggéré, ou plutôt imploré, que la moitié de la planète soit rendue à l'état sauvage. Cette proposition a été présentée comme essentielle pour la survie de l'humanité, mais cette répartition égale me semble d'une beauté particulière et d'une équité intuitive, qui n'est pas seulement un sentiment esthétique, mais un sentiment spirituel, pas seulement d'harmonie mais de « justice ». Qu'est-ce qui serait plus intéressant, plus entier et plus complet, que les deux formes d'existence dans leurs réalisations les plus complètes ?

Il est peut-être encore possible d'avoir un équilibre entre l'existence matérielle totale de l'humanité (IA, gratte-ciels, automobiles, béton, informatique, économie, art, agriculture intensive) et la nature (fourmilières, Amazonie, forêts anglaises, dunes de sable, marais du Tampa, déserts, fosses marines et récifs coralliens), si cette dernière est augmentée en qualité et en quantité. Imaginez que vous partiez d'une mégapole technologiquement mature, mais que vous traversiez ensuite les limites de la ville pour découvrir la biodiversité la plus luxuriante, la plus complexe et la plus sauvage qui s'étend au loin : la complexité technologique équilibrée par l'organique.

La vérité est que nous pourrions avoir besoin d'une existence semblable à celle de *Blade Runner 2049* dans certains coins de la planète, et que nous devons nous découpler en partie, car la technologie sera nécessaire pour libérer les terres requises pour le réensauvagement. En observant la vague récente de vols spatiaux commerciaux, je me suis demandé quelle quantité de biodiversité nous avions sacrifiée pour en arriver là, ce que ces vols ont coûté à la Terre. Si nous voulons éviter que la Terre ne soit irréversiblement dégradée et déséquilibrée, nous avons besoin d'une impulsion égale et opposée dans le sens de la reconstitution de la complexité naturelle. L'exploration spatiale pourrait certainement être la plus belle récompense d'une planète en bonne santé, non une échappatoire pour fuir une planète mourante. Si le cordon ombilical entre l'homme et la biosphère doit être coupé, cette séparation doit laisser la Terre mère au mieux de sa santé, et bénéficier aux deux parties.

Traduit de l'anglais par Agnès Botz.

Cet article a été publié sur le site de la BBC le 9 juin 2022 avec pour titre original « Can Humanity Leave Nature Behind? ».

Présentation des autrices

Anne Applebaum

Journaliste, écrivaine et historienne spécialiste de l'ex-URSS, elle est membre de la rédaction du *Washington Post*. Ses travaux lui ont valu de nombreux prix dont le prix Pulitzer de l'essai en 2004 pour *Goulag. Une histoire* (Grasset, 2005). Son dernier essai paru s'intitule *Démocraties en déclin. Réflexions sur la tentation autoritaire* (Grasset, 2021).

Wendy Brown

Elle est professeure de philosophie à l'université de Berkeley. Les problèmes qu'elle soulève se situent au croisement de la théorie politique, de la pensée féministe et de la critique culturelle.

Agnes Callard

Née en Hongrie et professeure associée de philosophie à l'université de Chicago, Agnes Callard est spécialisée en philosophie antique et en éthique. Elle tient une chronique philosophique mensuelle dans le magazine littéraire *The Point*.

Ruth Chang

Professeure américaine de philosophie et titulaire de la chaire de jurisprudence à l'université d'Oxford, elle s'intéresse à de nombreux sujets dont la normativité, l'engagement et la prise de décision.

Monique Dagnaud

Sociologue des médias et des réseaux sociaux, elle est directrice de recherche au Centre d'étude des mouvements sociaux – École des hautes études en sciences sociales (CNRS – EHESS) à Paris. Elle codirige le site Telos-eu – site qui publie un article de chercheur par jour : www.telos-eu.com/fr/. Son dernier livre paru s'intitule *Génération surdiplômée, les 20 % qui transforment la France* (avec J.-L. Cassely) (Odile Jacob, 2021).

Fang Fang
Écrivaine éminente dans le paysage littéraire chinois, Fang Fang est une figure emblématique du courant néoréaliste. Accusée d'avoir déformé la réalité du confinement à Wuhan, elle fait l'objet d'une campagne de dénigrement violente de la part du gouvernement chinois depuis la parution de son journal de quarantaine, *Wuhan, ville close* (Stock, 2020).

Manon Garcia
Philosophe française spécialiste des questions féministes, elle s'est intéressée à la question du consentement à la domination et a fait paraître récemment *La Conversation des sexes. Philosophie du consentement* (Climats, 2021).

Sophie Grace Chappell
Philosophe et universitaire britannique, elle est professeure de philosophie à l'Open University. Elle pourrait bien être la première philosophe universitaire ouvertement transgenre de Grande-Bretagne.

Nathalie Heinich
Sociologue française spécialiste de l'art contemporain, elle est directrice de recherche au CNRS et a publié récemment *La Valeur des personnes. Preuves et épreuves de la grandeur* (Gallimard, 2022).

Lauren Holt
Chercheuse associée à l'université de Cambridge, elle s'intéresse au changement climatique et aux défis qu'il pose. Lauren Holt a une formation en zoologie et un doctorat en sociobiologie.

Holly Jean Buck
Géographe américaine et scientifique en écologie sociale, elle étudie la manière dont les technologies émergentes peuvent aider à répondre aux défis environnementaux et construire une société

régénérative. Son dernier livre paru en anglais s'intitule *Ending Fossil Fuels: Why Net Zero Is Not Enough* (Verso, 2021).

Olesya Khromeychuk

Historienne et écrivaine ukrainienne, elle a enseigné l'histoire de l'Europe centrale et de l'Est dans plusieurs universités britanniques. Elle dirige actuellement l'Institut ukrainien de Londres et vient de faire paraître *The Death of a Soldier Told by His Sister* (Monoray, 2022).

Naomi Klein

Journaliste d'investigation, essayiste engagée et autrice de best-sellers internationaux, Naomi Klein a étudié à l'université de Toronto et à la London School of Economics. Elle est la première titulaire de la chaire Gloria Steinem en « Médias, culture et études féministes » créée à l'université Rutgers (New Jersey). Son dernier livre traduit en français s'intitule *Vaincre l'injustice climatique et sociale* (Actes Sud, 2021).

Annie Le Brun

Écrivaine et poète, proche des surréalistes et spécialiste de Sade, Annie Le Brun est aussi devenue essayiste critique de notre temps. Elle est l'autrice de nombreux ouvrages dont le dernier en date est *Ceci tuera cela. Image, regard et capital*, avec Juri Armanda (Stock, 2021).

Sara Liao

Féministe et spécialiste des médias, elle travaille comme professeure associée à l'université de Pennsylvanie. Elle effectue actuellement des recherches sur l'activisme féministe, les médias numériques et la culture misogyne en Chine.

Rose Luqiu

Professeure associée à l'école de communication de l'université baptiste de Hong Kong, elle étudie la censure, la propagande et les mouvements sociaux dans les régimes autoritaires. Elle est journaliste depuis vingt ans.

Marylin Maeso

Normalienne, agrégée et professeure de philosophie, elle travaille sur l'essentialisme et la philosophie politique et collabore régulièrement avec *Lire magazine littéraire* et *L'Express*. Son dernier livre s'intitule *La Petite Fabrique de l'inhumain* (L'Observatoire, 2021).

Kate Manne

Philosophe et écrivaine australienne, son travail porte principalement sur la philosophie féministe, la philosophie morale et la philosophie sociale. Elle est professeure agrégée de philosophie à l'université de Cornell à New York et autrice du fameux *Down Girl. The Logic of Misogyny* (Oxford University Press, 2017, non traduit en français).

Nastassja Martin

Anthropologue et écrivaine française spécialiste des populations arctiques, diplômée de l'EHESS. Elle est connue pour son récit *Croire aux fauves* (Verticales, 2019) dans lequel elle décrit sa rencontre avec un ours. Elle vient de faire paraître *À l'est des rêves* (La Découverte, 2022).

Véronique Nahoum-Grappe

Anthropologue et ethnologue française, Véronique Nahoum-Grappe est chercheuse à l'EHESS. Elle travaille sur les formes contemporaines et sociales de la culture.

Rebecca Solnit

Écrivaine, essayiste et activiste, Rebecca Solnit est l'une des intellectuelles américaines contemporaines les plus influentes et originales, capable d'aborder aussi bien les thématiques de l'environnement, de l'histoire de la modernité et du féminisme. Elle a publié de nombreux ouvrages dont le reconnu *Ces hommes qui m'expliquent la vie* (Points, 2021) et récemment *Souvenirs de mon inexistence* (Éditions de l'Olivier, 2022).

Anna Lowenhaupt Tsing

Professeure américaine d'anthropologie à l'université de Californie, autrice de l'essai très remarqué *Le Champignon de la fin du monde. Sur la possibilité de vivre dans les ruines du capitalisme* (La Découverte, 2017).

Ashwini Vasanthakumar

Théoricienne politique et juridique et actuellement professeure agrégée en philosophie légale et politique au Canada, elle s'intéresse à l'autorité politique dans des contextes de migration et d'oppression. Elle est l'autrice de *The Ethics of Exile: A Political Theory of Diaspora* (Oxford University Press, 2021).

Cet ouvrage a été achevé d'imprimer
par l'Imprimerie NRI S.A.S à Lonrai en novembre 2022
Numéro d'impression : 2205912
Dépôt légal : janvier 2023
Imprimé en France